100 ÚŽASNÝCH RECEPTOV NA OMELETU

Jednoduché a chutné recepty na omeletu, ktoré vám spríjemnia deň

Viera Murčová

© COPYRIGHT 2022 VŠETKY PRÁVA VYHRADENÉ Tento dokument je zameraný na poskytovanie presných a spoľahlivých informácií týkajúcich sa danej témy a problematiky. Publikácia sa predáva s myšlienkou, že vydavateľ nie je povinný poskytovať účtovnícke, úradne povolené alebo inak kvalifikované služby. Ak je potrebná rada, právna alebo odborná, mala by sa objednať osoba s praxou v tejto profesii.

V žiadnom prípade nie je legálne reprodukovať, duplikovať alebo prenášať akúkoľvek časť tohto dokumentu v elektronickej alebo tlačenej forme. Nahrávanie tejto publikácie je prísne zakázané a akékoľvek ukladanie tohto dokumentu nie je povolené bez písomného súhlasu vydavateľa. Všetky práva vyhradené.

Upozornenie Vyhlásenie, informácie v tejto knihe sú podľa nášho najlepšieho vedomia pravdivé a úplné. Všetky odporúčania sú poskytované bez záruky zo strany autora alebo publikovania príbehu. Autor a vydavateľ sa zriekajú a zodpovednosti v súvislosti s použitím týchto informácií

Obsah

ÚVOD 9

OMELETOVÉ RECEPTY 9

1. Papriková omeleta s bylinkami 10

2. Pórová frittata 13

3. Omeleta so šampiňónmi a čedarom 15

4. Syrová omeleta s bylinkami 17

5. Omeleta z paradajok a slaniny s fetou 19

6. Prosová omeleta s nektárinkami 21

7. Omelety s cestovinami a miešanou zeleninou 23

8. Špenátová a syrová omeleta s lososom ... 26

9. Plnená omeleta 28

10. Omelety s cuketou 30

11. Omeleta s lososom a uhorkou 32

12. Hubová omeleta s paradajkami 34

13. Frittata so šunkou a raketou 36

14. Cuketový quiche z kozieho syra 38

15. Paprika a zemiaková tortilla 40

16. Omeleta Caprese 43

17. Omeleta so syrom Keto 45

18. Omeleta na raňajky 47

19. Syrová omeleta s bylinkami 49

20. Syrová omeleta 51

21. Frittata so šunkou a fetou 52

22. Tortilla so špenátom 55

23. Omeleta s cibuľou a olivami 57

24. Španielska zemiaková tortilla 59

25. Omeleta plnená fetou 62

26. Kuskusový šalát s jahodami 64

27. Omeleta z morských rias 67

28. Omeleta so špenátom a špargľou 69

29. Slaninová omeleta 72

30. Cuketa a papriková tortilla 74

31. Talianska omeleta s hráškom 76

32. Zemiaková omeleta na španielsky spôsob 78

33. Syrová omeleta 81

34. Paradajková omeleta s ovčím syrom 82

35. Omeleta s fetou a zeleninou 84

36. Frittata s cuketou 86

37. Omelety s pórom a slaninou 88
38. Mangová omeleta 90
39. Paprika a zemiaková tortilla 92
40. Omelety s cuketou 95
41. Omelety so zeleninou, krutónmi a tofu 97
42. Občerstvenie so šunkou a omeletou 99
43. Zeleninová omeleta 100
44. Omelety s ovocím 103
45. Baklažánová omeleta 104
46. Omeleta s ustricami 106
47. Ryža s omeletou, slaninou a čakankou ... 108
48. Omeleta s fazuľou a šunkou 111
49. omeletová roláda 113
50. Bravčová omeleta 115
51. Omeleta z ryže a mäsa 117
52. Karfiolová omeleta 119
53. omeleta s ricottou a parmezánom 121
54. Zemiaková omeleta 123
55. omeleta so syrom a sójovou omáčkou ... 125

56. Morčacia roláda, omeleta a špenát 127
57. Omeleta so slaninou, zemiakmi a špargľou 131
58. Omeleta s krutónmi a fazuľovými klíčkami 133
59. Omeleta s brokolicou, šunkou a krutónmi 135
60. Bravčový rezeň s omeletou, ryžou a kukuricou . 137
61. Francúzska omeleta 140
62. Omeleta so zemiakmi, špargľou a syrom 142
63. Omeleta so zemiakmi, špargľou a syrom 144
64. Tofu omeleta 146
65. Hovädzia omeleta 148
66. Omeleta s kuracími pečeňami 150
67. Omeleta s krevetami a šampiňónmi 152
68. Tortilla s omeletou 154
70. Omeleta so salámou a cibuľou 156
71. Hovädzia omeleta 158
72. Omeleta so syrom a brokolicou 161
73. Omeleta v chlebe so slaninou a bylinkami 163
74. omeleta so smržmi a špenátom 164
75. omeleta s krevetami a šampiňónmi 166
76. Marocká omeleta 169
77. Omeleta z kozieho syra s bazalkou 171
78. Omeleta z medvedieho cesnaku 172

79. Omeleta so šunkou a syrom 174

80. Chata omeleta 177

81. Zemiaková omeleta so syrom 179

82. omeleta s liškami 181

83. omeleta s krevetami 184

84. Omeleta plnená fetou 186

85. omeleta s ovocím 188

86. Špagetová omeleta 189

87. Omeleta bylinková 192

88. Záhradné čerstvé omelety 194

89. Avokádový toast a omeleta 197

90. Cuketová omeleta s bylinkami 199

91. Celozrnný chlieb s omeletou a pečenou fazuľou 201

92. Omeleta zo špargle a šunky so zemiakmi a 203

petržlen 203

93. Omeleta z kozieho syra s rukolou a paradajkami 206

94. Syrová omeleta s bylinkami 208

95. Tuniaková omeleta 209

96. Omeleta so sekanou 211

97. Zdravá omeleta 213

98. Pizza omeleta 215

99. Omeleta z jablka a slaniny 217

100. Vegánska omeleta 218

ZÁVER 219

ÚVOD

Omeleta je kulinársky prípravok vyrobený z celých vajec, ktoré boli rozšľahané a uvarené na panvici (dusené). NIE JE to jednoduchá omeleta poskladaná alebo zrolovaná na sebe, ale skôr prípravok s veľmi odlišným tvarom a konzistenciou (rozdiel medzi vonkajškom a srdcom jedla).

Pôvodný recept na omeletu je francúzsky, ako už názov napovedá.

Výživový príjem omelety sa líši v závislosti od zloženia; v praxi môže byť omeleta zložená z: vajec, živočíšnych prísad, zeleniny a tukov z korenia. Stráviteľnosť sa veľmi líši od jedného prípravku k druhému, hoci (v priemere) je tento spôsob varenia považovaný za jeden z najlepších.

OMELETOVÉ RECEPTY

1. Papriková omeleta s bylinkami

- Príprava: 10 min
- varenie za 20 min
- porcie 2 **ingrediencie**

- 4 vajcia
- soľ
- korenie
- 2 hrste zmiešaných byliniek (napr. bazalka, petržlen, tymian, kôpor)
- 100 g cíceru (sklo; odkvapkaná hmotnosť)
- 1 červená paprika alebo zelená paprika
- 1 žltá paprika
- 2 lyžice olivového oleja

- 75 g pecorina alebo iného tvrdého syra

Prípravné kroky

1. Vajcia rozšľaháme, dochutíme soľou a korením a dobre vyšľaháme. Bylinky umyte, osušte a nakrájajte na polovicu. Pridajte nasekané bylinky do vaječnej zmesi.
2. Cícer scedíme, prepláchneme a dobre scedíme. Papriky očistíme, umyjeme, rozpolíme a nakrájame na pásiky. Na panvici zohrejte 1 polievkovú lyžicu olivového oleja, pridajte cícer a pásiky papriky a na miernom ohni opekajte 3–5 minút, pričom otočte. Soľ a korenie a odstavte. Pečorino nastrúhame najemno.
3. Na inej malej panvici zohrejte ½ lyžice olivového oleja. Pridajte polovicu vaječnej zmesi a zakryte celé dno panvice. Prikryte a nechajte na miernom ohni stáť asi 5-7 minút. Na jednu stranu omelety položte polovicu zeleniny a polovicu syra. Omeletu preložíme a položíme na tanier. To isté urobte s druhou omeletou.

4. Zvyšné bylinky nahrubo natrhajte a rozdeľte na omelety. Ihneď podávajte.

2. Pórová frittata

- Príprava: 15 minút
- varenie za 25 min
- porcie 4 **ingrediencie**

- ½ praženej jarnej cibuľky
- 1 hrsť čerstvých byliniek (napr. kôpor, petržlen, koriander)
- 2 lyžice olivového oleja
- 8 vajec

- 50 ml šľahačkovej smotany
- 20 g parmezánu (1 kus)
- soľ
- korenie
- 50 g rukoly

Prípravné kroky

1. Jarnú cibuľku očistíme, umyjeme a nakrájame na šikmé pásiky. Bylinky umyjeme, osušíme, otrháme a nahrubo nasekáme.
2. Vo veľkej panvici s nepriľnavým povrchom (alebo dvoch malých panviciach) zohrejte olej a jarnú cibuľku opečte za 3–4 minúty, kým nebude priehľadná. Parmezán nastrúhame najemno. Vajcia vyšľaháme so smotanou, bylinkami a parmezánom. Dochutíme soľou a korením. Zalejeme jarnou cibuľkou, krátko premiešame a na miernom ohni necháme cca. 10 minút (už nemiešajte). Keď je spodná strana zhnednutá, pomocou špachtle rozrežeme na 4 časti. Pečieme z druhej strany 2–3 minúty do zlatista.
3. Raketu umyte a vytraste dosucha. Podávajte frittatu poliatu rukolou a podľa chuti posypanú parmezánom.

3. Omeleta s hubami a čedarom

- Príprava: 25 min
- porcie 4 **ingrediencie**

- 300 g hnedých húb
- 1 šalotka
- 2 lyžice olivového oleja
- soľ

- korenie
- 8 vajec
- 100 ml mlieka (3,5% tuku)
- 1 štipka kurkumového prášku
- 90 syrov čedar (3 plátky)
- 10 g žeruchy (0,5 zväzku)

Prípravné kroky

1. Huby očistíme a nakrájame na plátky. Ošúpeme a najemno nakrájame šalotku. Na panvici zohrejte 1 polievkovú lyžicu olivového oleja. Pridajte huby a šalotku a duste 3-4 minúty na strednom ohni. Dochutíme soľou a korením, vyberieme z panvice a odstavíme.
2. Vajcia vyšľaháme s mliekom. Dochutíme 1 štipkou kurkumy, soľou a korením. Pokrytú panvicu potrieme troškou oleja, pridáme 1/4 vaječnej zmesi a krúžim ju rovnomerne rozložíme. Navrch dáme 1/4 opečených húb. Omeletu varte na miernom ohni 2-3 minúty a nechajte ju jemne zhnednúť.
3. 1/4 čedaru natrháme na kúsky, prikryjeme ním omeletu, vyklopíme z formy a dáme do predhriatej rúry na 80 °C. So zvyškom vaječnej zmesi, zvyšnými šampiňónmi a

čedarom upečieme 3 viac omeliet rovnakým spôsobom a udržiavajte ich teplé.
4. Žeruchu umyjeme, osušíme a otrháme lístky. Omelety ozdobíme korením a špičkami žeruchy a podávame.

4. Syrová omeleta s bylinkami

- Príprava: 5 min
- varenie za 20 min
- porcie 4 **ingrediencie**

- 3 stonky žeruchy

- 3 stonky bazalky
- 20 g parmezánu
- 1 šalotka
- 8 vajec
- 2 lyžice syra creme fraiche
- 1 lyžica masla
- 150 g ovčieho syra
- soľ
- korenie

Prípravné kroky

1. Žeruchu a bazalku umyjeme, osušíme a nahrubo nasekáme. Nastrúhajte parmezán. Ošúpeme a najemno nakrájame šalotku. Vajíčka vyšľaháme s crème fraiche, parmezánom, žeruchou a polovicou bazalky.
2. Maslo rozpustíme na panvici určenej na pečenie, orestujeme na ňom šalotku, zalejeme vajcami a rozmrvíme naň fetu. Pečieme vo vyhriatej rúre na 200° asi 10 minút do zlatista.
3. Vyberieme z rúry, dochutíme soľou, korením a podávame posypané zvyšnou bazalkou.

5. Omeleta z paradajok a slaniny s fetou

- Príprava: 15 minút
- porcie 2 **ingrediencie**

- 8 cherry paradajok
- 1 červená čili papričky
- 50 g raňajkovej slaniny nakrájanej na tenké plátky
- 5 vajec

- 100 ml bezlaktózového mlieka 1,5% tuku
- soľ
- korenie
- 100 g syra herder
- 2 lyžičky masla
- 1 hrsť bazalky

Prípravné kroky

1. Paradajky umyjeme a rozpolíme. Chilli umyjeme, prekrojíme na polovicu, zbavíme jadrovníka a nakrájame na veľmi úzke pásiky. Slaninu nakrájame na pásiky široké asi 4 cm. Vajcia rozšľaháme s mliekom, dochutíme soľou a korením. Herder syr osušíme a nakrájame na kocky.
2. Polovicu slaniny opečte na nepriľnavej panvici, potom pridajte 1 lyžičku masla a roztopte. Zalejeme polovicou vaječnej zmesi a kým je ešte mäkké, pridáme polovicu paradajok a pásiky chilli. Posypeme polovičným množstvom syra a bazalky a necháme vajíčko stuhnúť.
3. Omeletu preložíme na tanier a podávame.
4. Zvyšné suroviny spracujeme na druhú omeletu.

6. Proso omeleta s nektárinkami

- Príprava: 20 min
- varenie za 40 min
- porcie 2 **ingrediencie**

- 40 g prosa
- 2 vajcia (m)
- 10 g celého trstinového cukru (2 čajové lyžičky)

- 1 štipka soli
- 150 g vanilkového jogurtu (3,5% tuku)
- 2 lyžice broskyňovej dužiny
- 250 g nektárinky (2 nektárinky)
- 2 ČL slnečnicového oleja

Prípravné kroky

1. 75 ml vody privedieme do varu, prisypeme proso a premiešame. Oheň okamžite znížime a proso varíme prikryté na najmenšom ohni 7 minút, pričom niekoľkokrát dôkladne premiešame. Odstráňte hrniec z ohňa a zakryte zrná ďalších 12 minút. Necháme vychladnúť.
2. Vajcia, cukor a štipku soli dáme do misky a vyšľaháme metličkou. Vmiešame vychladnuté proso.
3. Vanilkový jogurt a dužinu z broskýň dáme do misky a miešame do hladka.
4. Nektarinky umyjeme, osušíme, prekrojíme na polovice a vykôstkujeme. Dužinu nakrájajte na tenké mesiačiky.
5. V potiahnutej panvici zohrejte olej. Vlejeme prosové cesto a pečieme asi 4 minúty na strednom ohni. Omeletu otočte a pečte z druhej strany 4-5 minút do zlatista.

6. Jahlovú omeletu naaranžujte s broskyňovým jogurtom a kúskami nektárinky a podávajte.

7. Omelety s cestovinami a miešanou zeleninou

- Príprava: 30 min
- varenie za 1 hodinu
- porcie 4 **ingrediencie**

- 150 g mrazeného hrášku

- 1 červená paprika
- 150 g kukurice (sušená hmotnosť; konzervy)
- 350 g celozrnných penne
- soľ
- 1 šalotka
- 1 strúčik cesnaku
- olivový olej
- 20 g parmezánu (1 kus)
- 5 g petržlenu (0,25 zväzku)
- 100 ml mlieka (3,5% tuku)
- 50 ml šľahačkovej smotany

Prípravné kroky

1. Rozmrazte hrášok. Papriku umyjeme, prekrojíme na polovicu, zbavíme semienok a bielych vnútorných stien a nakrájame na úzke, malé pásiky. Kukuricu presypeme do sitka, prepláchneme pod studenou vodou a dobre scedíme.
2. Cestoviny uvaríme vo vriacej osolenej vode podľa návodu na obale, scedíme, prepláchneme studenou vodou a dobre scedíme.

3. Šalotku a cesnak ošúpeme a nasekáme nadrobno. Na vysokej panvici zohrejte 2 polievkové lyžice oleja a na strednom ohni na nej opečte šalotku a cesnak, kým nebudú priehľadné. Pridáme zeleninu, krátko orestujeme a vmiešame cestoviny. Parmezán nastrúhame najemno. Petržlenovú vňať umyjeme, osušíme a nadrobno nasekáme. Vajcia rozšľaháme s mliekom, smotanou a syrom, dochutíme soľou a korením, vmiešame petržlenovú vňať a zalejeme cestovinovou zmesou.

Necháme krátko stuhnúť a dopečieme vo vyhriatej rúre na 200 °C 10–15 minút do konca. Vyberte, vyklopte a podávajte nakrájané na kúsky.

8. Špenátová a syrová omeleta s lososom

- Príprava: 20 min
- varenie za 45 min
- porcie 2 **ingrediencie**

- 1 malá cibuľa
- 200 g filé z lososa
- 200 g mozzarelly
- 200 g špenátu
- 5 vajec
- 2 lyžice mlieka
- 1 lyžička masla
- soľ

- korenie

Prípravné kroky

1. Cibuľu ošúpeme a nakrájame na jemné kúsky. Lososa umyte, osušte a nakrájajte alebo nakrájajte na kocky. Mozzarellu nakrájame na plátky. Špenát umyte a osušte.
2. V miske vyšľaháme vajcia a mlieko. Maslo rozohrejeme na panvici určenej na pečenie a na miernom ohni na ňom restujeme 2 minúty cibuľu. Zalejeme vajcami, dochutíme soľou a korením a navrch dáme špenát, losos a mozzarellu.
3. Všetko pečieme vo vyhriatej rúre na 180 °C asi 20-25 minút, kým sa vajíčko neuvarí a zmes nie je tuhá.

9. Plnená omeleta

- Príprava: 20 min
- varenie za 35 min
- porcie 4 **ingrediencie**

- 40 g rukoly (1 hrsť)
- 300 g cherry paradajok
- 10 g pažítky (0,5 zväzku)
- 8 vajec
- 4 lyžice sýtenej minerálnej vody
- soľ
- korenie
- muškátový oriešok
- 4 PL slnečnicového oleja

- 150 g zrnitého smotanového syra

Prípravné kroky

1. Raketu umyte a osušte. Paradajky umyte a nakrájajte na polovicu. Pažítku umyjeme, osušíme a nakrájame na kolieska.
2. Vajcia rozšľaháme s vodou a pažítkou a dochutíme soľou, korením a čerstvo nastrúhaným muškátovým oriešlom.
3. Zahrejte 1 lyžičku slnečnicového oleja na nepriľnavej panvici a pridajte 1/4 vaječného mlieka. Smažte 2 minúty na strednom ohni, otočte a dovarte ďalšie 2 minúty. Vyberieme a udržiavame v predhriatej rúre na 80 °C. Takto upečieme ešte 3 omelety.
4. Omelety uložíme na 4 taniere a naplníme smotanovým syrom, paradajkami a rukolou. Dochutíme soľou a korením a zašľaháme.

10. Omelety s cuketou

- Príprava: 25 min
- porcie 4 **ingrediencie**

- 10 vajec
- 50 ml ovseného nápoja (ovsené mlieko)
- 2 lyžice čerstvo nakrájanej bazalky
- soľ
- korenie
- 2 cukety
- 250 g cherry paradajok
- 2 lyžice olivového oleja

Prípravné kroky

1. Vajcia vyšľaháme s ovseným nápojom a bazalkou. Dochutíme soľou a korením.
2. Cuketu umyjeme, očistíme a nakrájame na kúsky. Paradajky umyjeme a rozpolíme. Zeleninu voľne premiešame, dochutíme soľou, korením a každú 1/4 minúty restujeme na troche rozpáleného oleja. Každé zalejeme 1/4 vajec, premiešame a smažíme 4–5 minút do zlatista a necháme stuhnúť. Takto upečieme všetky 4 omelety a podávame.

11. Omeleta s lososom a uhorkou

- Príprava: 10 min
- varenie za 22 min
- porcie 4 **ingrediencie**

- 120 g plátkov údeného lososa
- ½ uhorky
- 3 stonky petržlenu
- 10 vajec
- 50 ml šľahačkovej smotany
- soľ
- korenie
- 4 ČL repkového oleja

Prípravné kroky

1. Lososa nakrájame na pásiky. Uhorku umyte, očistite a nakrájajte. Petržlenovú vňať umyjeme, osušíme a nasekáme nadrobno.
2. Vajíčka vyšľaháme so smotanou a 2 PL petržlenovej vňate. Dochutíme soľou a korením.
3. Nalejte 1 čajovú lyžičku oleja do horúcej, potiahnutej panvice. Nalejte 1/4 vajíčka a nechajte pomaly stuhnúť 2-3 minúty na strednom ohni. Zložte a položte na tanier s niekoľkými plátkami uhorky.
4. Takto upečieme všetky štyri omelety, prikryjeme lososom a podávame posypané zvyšnou petržlenovou vňaťou.

12. Hubová omeleta s paradajkami

- Príprava: 20 min
- porcie 4 **ingrediencie**

- 1 jarná cibuľka
- 100 g húb
- 1 malá paradajka
- 1 lyžica repkového oleja
- soľ
- korenie
- 1 vajce (veľkosť l)
- 1 polievková lyžica sýtenej minerálnej vody
- 45 g celozrnného toastu (1,5 plátku) **Kroky prípravy**

1. Jarnú cibuľku umyjeme, očistíme a nakrájame na jemné kolieska. Huby očistíme, očistíme kefkou a nakrájame na plátky.
2. Paradajku umyjeme, zbavíme stopky a nakrájame na plátky.
3. V potiahnutej panvici zohrejte olej. Na strednom ohni v nej opečte jarnú cibuľku a šampiňóny. Soľ a korenie a pokračujte v smažení po dobu 3-4 minút, často otáčajte na strednom ohni.
4. Vajíčko so štipkou soli a minerálkou dáme do misky a vyšľaháme metličkou.
5. Zeleninu v panvici zalejeme rozšľahaným vajíčkom a necháme 3-4 minúty.
6. Medzitým si opečieme chlieb a navrch dáme plátky paradajok. Vysuňte omeletu z panvice na chlieb a podávajte.

13. Frittata so šunkou a rukolou

- Príprava: 20 min
- varenie za 35 min
- porcie 4 **ingrediencie**

- 90 g surovej šunky (6 plátkov)
- 80 g rukoly (1 zväzok)
- 20 g parmezánu (1 kus)
- 10 vajec
- 200 ml mlieka (1,5 % tuku)
- soľ
- korenie
- 50 g kyslej smotany

5 g masla (1 čajová lyžička)

Prípravné kroky

1. Plátky šunky rozštvrtíme. Raketu umyte a osušte. Nastrúhajte parmezán a odložte 1 lyžičku.
2. Vajcia rozšľaháme s mliekom a dochutíme soľou a korením. Vmiešame kyslú smotanu a parmezán.
3. Maslo zohrejte vo veľkej pekáči. Pridáme 1/3 vaječnej zmesi a prikryjeme polovicou šunky a rukoly. Navrch dáme ďalšiu 1/3 vaječnej zmesi, prikryjeme zvyšnou šunkou a rukolou a dochutíme zvyšnou vaječnou zmesou.
4. Frittata necháme postáť v predhriatej rúre na 200 °C asi 12–15 minút.
5. Frittata nakrájajte na kúsky, rozdeľte na 4 taniere a posypte zvyškom parmezánu, ktorý ste si odložili.

14. Cuketový quiche z kozieho syra

- Príprava: 30 min
- varenie za 50 min
- porcie 4 **ingrediencie**

- 2 cukety
- 8 vajec
- 150 ml šľahačky s obsahom tuku najmenej 30 %.
- soľ
- paprika z mlyna
  muškátový oriešok

- 2 lyžice olivového oleja
- 1 strúčik cesnaku
- 150 g rolky z kozieho syra

Prípravné kroky

1. Rúru predhrejeme na 200 °C horný a spodný ohrev. Cuketu umyjeme, očistíme a nakrájame na tenké plátky. Vajcia vyšľaháme so smotanou a dochutíme soľou, korením a muškátovým orieškom.
2. Na panvici rozohrejeme olej a opečieme na ňom plátky cukety za občasného otáčania. Cesnak ošúpeme a pretlačíme. Zalejeme vaječnou smotanou, rovnomerne rozotrieme a necháme krátko stuhnúť.
3. Kozí syr pozdĺžne rozpolíme a nakrájame na tenké plátky. Natrieme na frittatu a pečieme v predhriatej rúre asi 10 minút do zlatista. Podávajte nakrájané na kúsky.

15. Paprika a zemiaková tortilla

- Príprava: 30 min
- varenie za 45 min
- porcie 4 **ingrediencie**

- 700 g múčnych zemiakov
- soľ
- 1 červená paprika
- 2 paradajky
- 1 cibuľa
- 1 strúčik cesnaku
- 2 lyžice olivového oleja

korenie

- 8 vajec
- 4 lyžice mlieka (1,5% tuku)
- 2 vetvičky tymianu
- 20 g parmezánu (1 kus)

Prípravné kroky

1. Zemiaky umyjeme a varíme v osolenej vriacej vode asi 20 minút.
2. Papriky medzitým umyjeme, očistíme a nakrájame na pásiky. Paradajky umyjeme a nakrájame na mesiačiky. Cibuľu a cesnak ošúpeme a nakrájame nadrobno.
3. Zemiaky scedíme, necháme odpariť, ošúpeme a nakrájame na kúsky.
4. Na panvici odolnej voči rúre zohrejte olivový olej. Za občasného miešania v nej na strednom ohni opekajte kocky zemiakov asi 5 minút. Pridáme papriku, cibuľu a cesnak, dochutíme soľou a korením a restujeme ďalšie 2 minúty. Opatrne vmiešame kolieska paradajok.
5. Vajcia a mlieko vyšľaháme, dochutíme soľou, korením a nalejeme do panvice. Miernym otáčaním a nakláňaním panvice rovnomerne

rozotrieme vaječné mlieko a necháme 2 minúty stuhnúť. Pečieme
v predhriatej rúre na 180 °C asi 15 minút.
6. Medzitým umyjeme tymián, osušíme a otrháme lístky. Nakrájajte parmezán.
Oboje posypeme na tortillu.

16. Omeleta Caprese

- Celkový čas: 5 minút
- Porcie 2

Ingrediencie

- 2 lyžice olivového oleja
- Šesť vajec
- 100 g cherry paradajok nakrájaných na polovice alebo paradajky nakrájané na plátky
- 1 polievková lyžica čerstvej bazalky alebo sušenej bazalky
- 150 g (325 ml) čerstvého syra mozzarella

- soľ a korenie

Prípravky

1. Na zmiešanie rozbite vajcia do misky a pridajte soľ podľa chuti a čierne korenie. Vidličkou dobre prešľaháme, kým sa všetko úplne nepremieša.
2. Pridajte bazalku a potom premiešajte. Paradajky nakrájame na polovice alebo plátky. Syr nakrájajte alebo nakrájajte. Vo veľkej panvici rozohrejeme olej.
3. Na pár minút smažte paradajky. Paradajky zalejeme vaječnou zmesou. Počkajte a pridajte syr, kým nebude trochu tuhý. Znížte oheň a nechajte omeletu stuhnúť. Okamžite podávajte a užívajte si!

17. Omeleta syra Keto

- Celkový čas: 15 minút,
- Porcie 2

Ingrediencie

- 75 g masla
- Šesť vajec
- 200 g strúhaného syra čedar
- Soľ a čierne korenie mleté podľa chuti

Prípravky

1. Vajcia vyšľaháme do mäkka a jemne spenenej hmoty. Pridáme polovicu nastrúhaného syra

čedar a premiešame. Soľ a korenie podľa chuti.

2. Na rozpálenej panvici rozpustíme maslo. Zalejeme vaječnou zmesou a necháme pár minút postáť. Znížte teplotu a pokračujte vo varení, kým nebude vaječná zmes takmer hotová.
3. Pridajte zvyšný strúhaný syr. Preložte a ihneď podávajte. Dochuťte svoj výtvor bylinkami, nakrájanou zeleninou alebo dokonca mexickou omáčkou.
4. A neváhajte tortillu uvariť na olivovom alebo kokosovom oleji, aby mala iný chuťový profil.

18. Omeleta na raňajky

- Celkový čas: 10,
- Porcie: 2 **ingrediencie:**

- 2 vajcia
- 3 vaječné bielka
- 1 polievková lyžica vody
- 1/2 lyžičky olivového oleja
- 1/4 lyžičky soli
- ¼ lyžičky mletej papriky **Príprava:**

1. Vajcia, bielky, soľ, korenie a vodu vyšľaháme v miske do peny.

2. Polovicu oleja zohrejte na panvici na strednom ohni. Nalejte polovicu vaječnej zmesi.
3. Varte niekoľko minút, pričom okraje raz za čas nadvihnite pomocou špachtle. Preložte na polovicu.
4. Znížte teplotu na minimum a pokračujte vo varení minútu. Postup zopakujte so zvyškom vaječnej zmesi.

19. Syrová omeleta s bylinkami

- celkový čas 20 minút,
- porcie 4 **ingrediencie**

- 3 stonky žeruchy
- 3 stonky bazalky
- 20 g parmezánu
- 1 šalotka
- 8 vajec
- 2 lyžice syra creme fraiche
- 1 lyžica masla
- 150 g ovčieho syra
- soľ

- korenie

Prípravné kroky

1. Žeruchu a bazalku umyjeme, osušíme a nahrubo nasekáme. Nastrúhajte parmezán. Ošúpeme a najemno nakrájame šalotku.
2. Vajíčka vyšľaháme s crème fraiche, parmezánom, žeruchou a polovicou bazalky. Maslo rozpustíme na panvici určenej na pečenie, orestujeme na ňom šalotku, zalejeme vajcami a rozmrvíme naň fetu.
3. Pečieme vo vyhriatej rúre na 200 °C asi 10 minút do zlatista. Vyberieme z rúry, dochutíme soľou, korením a podávame posypané zvyšnou bazalkou.

20. Syrová omeleta

- Celkový čas 30 minút,
- porcia 4 **ingrediencií**

- 10 vajec
- 50 ml šľahačkovej smotany
- 100 g strúhaného ementálu
- soľ
- biele korenie
- 250 g gorgonzoly
- 4 lyžice rastlinného oleja **Kroky prípravy**

1. Vajcia vyšľaháme so smotanou a ementálom. Dochutíme trochou soli a korenia.

2. Gorgonzolu nakrájajte na kocky a odložte. Na panvici rozohrejeme 1 lyžicu oleja a pridáme asi 1/4 vaječnej zmesi.
3. Necháme 2 minúty stuhnúť pri nízkej teplote, potom do stredu dáme 1/4 gorgonzoly a omeletu preložíme vpravo a vľavo.
4. Smažte ďalšie 2 minúty, kým sa Gorgonzola je tekutá a omeleta je zlatohnedá. Takto upečieme všetky 4 omelety a podávame.

21. Frittata so šunkou a fetou

- Príprava: 20 min

- varenie za 34 min
- porcie 4 **ingrediencie**

- 8 vajec
- 600 g
- varené zemiaky
- 1 prút pór
- 100 g varenej šunky
- 1 červená paprika
- 75 g strúhaného pecorina
- soľ

paprika z mlyna

2 lyžice olivového oleja

Prípravné kroky

1. Predhrejte rúru na teplovzdušnú rúru na 180 °C.
2. Vajcia rozšľaháme. Zemiaky ošúpeme a nakrájame na malé kocky. Pór umyjeme, očistíme a nakrájame na jemné kolieska. Šunku nakrájame na jemné prúžky. Papriky umyjeme, rozpolíme, zbavíme jadierok a nakrájame na kocky. Vajíčka zmiešame s pecorinom, zemiakmi, pórom, paprikou a šunkou. Dochutíme soľou a korením. Na panvici rozohrejte olej, pridajte vaječnú zmes, smažte 1-2 minúty a pečte v rúre asi 12 minút do zlatista.

22. Tortilla so špenátom

- Príprava: 25 min
- varenie za 40 min
- porcie 4 **ingrediencie**

- 350 g špenátových listov
- soľ
- 1 červená paprika
- 1 zeleninová cibuľa
- 2 strúčiky cesnaku
- 50 g mandľových jadier
- 5 vajec
- 100 ml minerálnej vody muškátový oriešok

- 15 g ghee (prepustené maslo; 1 polievková lyžica)

Prípravné kroky

1. Špenát umyte, osušte, 1 minútu blanšírujte vo vriacej osolenej vode. Zlejeme, uhasíme chladom, dobre vylisujeme.
2. Papriku umyjeme, očistíme a nakrájame na kocky.
3. Cibuľu a cesnak ošúpeme a nakrájame nadrobno. Mandle nahrubo nasekáme.
4. Vajcia rozšľaháme s minerálkou, dochutíme soľou, korením a čerstvo nastrúhaným muškátovým oriežkom.
5. Na vysokej panvici odolnej voči rúre roztopte ghee. Cibuľu a cesnak v nej opečte na miernom ohni 1-2 minúty, kým nebudú priehľadné. Pridáme papriku a špenát a zalejeme vaječnou zmesou. Pridajte mandle a nechajte ich 2 minúty stuhnúť.
6. Tortillu pečieme v predhriatej rúre na 200 °C 10-15 minút do zlatista.
7. Odstráňte a podávajte nakrájané na kúsky.

23. Omeleta s cibuľou a olivami

- Príprava: 20 min
- porcie 4 **ingrediencie**

- 5 veľkých vajec
- 5 lyžíc mlieka
- soľ
- čerstvo mleté korenie
- 2 lyžice strúhaného parmezánu
- 2 lyžice nasekanej bazalky
- 4 lyžice vykôstkovaných olív nakrájaných nadrobno

1 červená cibuľa
2 lyžica olivového oleja

Prípravné kroky

1. Vajcia zmiešame s mliekom, soľou, korením, parmezánom a bazalkou. Cibuľu ošúpeme a nakrájame na jemné pásiky.
2. Vo veľkej panvici jemne zohrejte olivový olej. Jemne v nej opečte cibuľu a olivy. Soľ a korenie. Nalejte vajcia a rovnomerne ich rozložte na panvici. Necháme na miernom ohni stuhnúť. Omeletu otočte a nechajte stuhnúť aj druhú stranu. Podávame zrolované a vlažné.

24. Španielska zemiaková tortilla

- Príprava: 45 min
- porcie 6 **ingrediencií**

- 800 g hlavne voskových zemiakov
- 2 jarné cibuľky
- 1 strúčik cesnaku
- 3 lyžice hrášku (mrazeného)
- 8 vajec
- soľ
- kajenské korenie
- rastlinný olej na vyprážanie

Prípravné kroky

1. Zemiaky ošúpeme a nakrájame na 3 mm hrubé plátky. Jarnú cibuľku očistíme, umyjeme a nakrájame na šikmé kolieska s jemnou zelenou. Cesnak ošúpeme a nakrájame na jemné prúžky.
2. Na panvici odolnej voči rúre s vysokým okrajom rozohrejeme olej do výšky 2-3 cm. Je dostatočne horúce, keď z rukoväte drevenej lyžice, ktorú v nej držíte, stúpajú bubliny.
3. Zemiaky potrieme kuchynskou utierkou a vložíme do rozpáleného oleja. Smažte na strednom ohni 7-8 minút, občas otočte.
4. Medzitým si vo veľkej mise zľahka rozšľaháme vajíčka, ale nerozšľaháme ich do peny a každé dochutíme silnou štipkou soli a kajenského korenia.
5. K zemiakom pridáme jarnú cibuľku a podľa chuti aj cesnak a opekáme 2 minúty. Zemiaky sceďte cez sitko, zachyťte olej (môže sa znova použiť), dobre sceďte a dochuťte soľou.
6. Na panvici zohrejte 2 polievkové lyžice nazbieraného oleja. Zemiaky a hrášok

zmiešame s rozšľahanými vajíčkami, zmes vlejeme do horúceho

oleja a opekajte ho na vysokej teplote 2 minúty. Odstavíme z ohňa, prikryjeme alobalom a pečieme v predhriatej rúre na 200°C cca. 25-30 minút, kým sa celé vajce nestiahne.

7. Podávajte horúce.

25. Omeleta plnená fetou

- Príprava: 40 min
- porcie 2 **ingrediencie**

- 1 šalotka
- 4 vajcia
- soľ
- korenie z mlynčeka
- 4 lyžice syra creme fraiche
- 2 ČL horčice
- 2 ČL citrónovej šťavy
- 2 lyžice nadrobno nasekanej bazalky
- 2 lyžice masla

- 100 g
- feta
- bazalka

Prípravné kroky

1. Šalotku ošúpeme a nasekáme nadrobno. Oddeľte vajcia. Z bielkov vyšľaháme so štipkou soli tuhý sneh. Vaječné žĺtky vyšľaháme s 2 lyžicami creme fraiche, horčicou, citrónovou šťavou a nadrobno nasekanou bazalkou. Dochutíme soľou a korením, vmiešame voľne sneh z bielkov.
2. Na nepriľnavej panvici rozpustite polovicu masla. Pridáme polovicu šalotky a orestujeme. Pridajte polovicu zmesi omelety a varte 6-8 minút, kým spodná strana nie je zlatohnedá a povrch zhustne, zatiaľ čo panvicu zakryjete. Potom panvicu stiahnite zo sporáka.
3. Na omeletu natrieme 1 ČL creme fraiche a prikryjeme polovicou rozdrobenej fety, dochutíme soľou a korením a pomocou špachtle omeletu preložíme.
4. Rovnakým spôsobom upečieme aj druhú omeletu

    (prípadne v druhej panvici).

5. Omelety poukladáme na taniere a podávame ozdobené bazalkou.

26. Kuskusový šalát s jahodami

- Príprava: 35 min
- porcie 4 **ingrediencie**

- 250 g celozrnného kuskusu (instantného)
- 40 g hrozienok
- soľ
- 150 g hodvábneho tofu
- 1 polievková lyžica sójového nápoja (sójové mlieko)
- 1 ČL vločiek droždia
- 1 lyžica cícerovej múky
- 1 lyžička tahini

- 1 štipka kurkumy
- 4 lyžice olivového oleja
- 150 g jahôd
- 40 g rukoly (1 hrsť)
- 1 stonka mäty
- 2 lyžice limetkovej šťavy
- 1 ČL medu
- korenie
- 1 polievková lyžica lúpaných mandlí

Prípravné kroky

1. Kuskus zmiešame s hrozienkami a uvaríme v osolenej vode podľa návodu na obale.
2. Medzitým na pásiky omelety zmiešame v miske hodvábne tofu so sójovým nápojom, vločkami z droždia, cícerovou múkou, tahini pastou, kurkumou a štipkou soli. Na panvici rozohrejeme 1 polievkovú lyžicu oleja, pridáme zmes a na miernom ohni opekáme asi 1-2 minúty do zlatista. Otočte a smažte ďalšie 1-2 minúty do zlatista. Vyberte z formy, nechajte mierne vychladnúť a nakrájajte na tenké prúžky.
3. Jahody umyjeme, očistíme a nakrájame. Umyte a očistite raketu, osušte a natrhajte

na kúsky veľkosti sústa. Mätu umyte, osušte a oberte lístky.
4. Na dresing zmiešame limetkovú šťavu s medom a zvyšným olejom a dochutíme soľou a korením. Kuskus načechráme vidličkou a zmiešame s dresingom.
5. Kuskus rozložíme na tanier, navrch poukladáme jahody a rukolu, omeletu a mätu. Posypeme mandľami.

27. Omeleta z morských rias

- Príprava: 15 minút
- varenie za 20 min
- porcie 4 **ingrediencie**

- 12 vajec
- 50 ml mlieka (3,5 % tuku)
- soľ
- paprika z mlyna
- 1 lyžica masla
- 2 listy morských rias nori **Kroky prípravy**

1. Vajcia rozšľaháme s mliekom a dochutíme soľou a korením. Vyprážajte celkom 4 veľmi tenké omelety jednu po druhej. Za týmto účelom zohrejte trochu masla v potiahnutej panvici. Pridajte štvrtinu zmesi vajec a mlieka a smažte 2-3 minúty na strednom ohni. Spotrebujte aj zvyšok zmesi vaječného mlieka.
2. Na pracovnú plochu rozotrite potravinovú fóliu a omelety položte na vrch, mierne sa prekrývajú, do obdĺžnika. Listy morských rias narežte nožnicami na požadovanú veľkosť a prikryte nimi omelety. Prikryjeme potravinovou fóliou, zľahka zatlačíme a necháme 5 minút odstáť.
3. Odstráňte kryt a pomocou fólie pevne zabaľte omelety s riasami do rolky. Zvyšné odrezky rias nakrájajte na tenké prúžky. Rolku s omeletou z rias nakrájame na plátky, rozložíme na taniere a ozdobíme pásikmi rias.

28. Omeleta so špenátom a špargľou

- Príprava: 45 min
- porcie 4 **ingrediencie**

- 250 g zelenej špargle
- ½ bio citrónu
- 2 lyžice olivového oleja
- 100 ml zeleninového vývaru
- soľ
- korenie
- 125 g čerstvých špenátových listov
- 8 vajec
- 150 ml mlieka (1,5 % tuku)

- 20 g parmezánu (1 ks; 30 % tuku v sušine)
- 200 g celozrnného chleba (4 plátky)

Prípravné kroky

1. Špargľu ošúpeme v spodnej tretine a odrežeme drevnaté konce. Polovicu citróna opláchneme horúcou vodou, osušíme, potrieme kôrou a vytlačíme šťavu.
2. Na panvici rozohrejeme olej. Špargľu restujte na miernom ohni 2-3 minúty. Pokvapkáme citrónovou šťavou a vývarom, dochutíme soľou a korením a prikryté varíme na miernom ohni 5 minút do al dente. Potom odstráňte veko z panvice a nechajte tekutinu odpariť.
3. Medzitým očistíme a umyjeme špenát a osušíme. Vajcia vyšľaháme s mliekom.
    Dochutíme soľou, korením a citrónovou kôrou.
4. Pokrytú panvicu potrieme 1/2 lyžičky oleja. Pridajte 1/4 vaječnej zmesi a krúživým pohybom ju rovnomerne rozložte. Navrch dáme 1/4 špargle a špenát. Omeletu varte na miernom ohni 5-6 minút a nechajte zľahka zhnednúť. Uchováme v predhriatej rúre na 80°C.

5. Zo zvyšku vaječnej zmesi upečieme rovnakým spôsobom ešte 3 omelety a udržiavame v teple. Parmezán nastrúhame najemno. Omelety preložíme, posypeme syrom a podávame s chlebom.

29. Omeleta zo slaniny

- Príprava: 30 min
- varenie za 45 min
- porcie 4 **ingrediencie**

- 150 g raňajkovej slaniny
- 8 vajec
- 8 lyžíc mlieka
- maslo na vyprážanie
- 1 polievková lyžica čerstvo nasekanej petržlenovej vňate 1 polievková lyžica pažítkové rolky korenie z mlynčeka

Prípravné kroky

1. Slaninu nakrájajte na široké pásiky, nechajte na rozpálenej panvici, opečte do chrumkava, vyberte a osušte na papierových utierkach.
2. V miske otvorte každé 2 vajcia a metličkou dobre premiešajte s 2 polievkovými lyžicami mlieka. Rozpálenú panvicu potrieme trochou masla a vlejeme vaječnú zmes. Na miernom ohni vareškou miešame, kým vajíčko nezačne hustnúť. Ak je na povrchu vlhká a lesklá, obložíme trochou slaniny, posypeme petržlenovou vňaťou a pažítkou, korením, preložíme a podávame.

☐
☐

30. Cuketa a papriková tortilla

- Príprava: 30 min
- varenie za 50 min
- porcie 4 **ingrediencie**

- 1 cuketa
- soľ
- 2 červené papriky
- 2 jarné cibuľky
- 1 hrsť bazalky

1 strúčik cesnaku

2 lyžica olivového oleja

paprika z mlyna
- 6 vajec
- 4 lyžice šľahačky
- 50 g čerstvo nastrúhaného syra

Prípravné kroky

1. Rúru predhrejeme na 200°C horný ohrev
2. Cuketu umyjeme a očistíme, pozdĺžne a priečne nakrájame na tyčinky. Osolíme a necháme vodu lúhovať asi 10 minút. Potom osušte. Papriky umyjeme, prekrojíme na polovice, očistíme a nakrájame na kocky. Jarnú cibuľku umyjeme, očistíme a nakrájame šikmo na kolieska. Bazalku umyjeme, osušíme a lístky nasekáme nahrubo. Cesnak ošúpeme a nakrájame na jemné prúžky. Orestujeme s paprikou a jarnou cibuľkou na rozpálenom oleji vo veľkej panvici 1-2 minúty. Pridajte cuketové tyčinky a restujte 1-2 minúty. Dochutíme soľou a korením. Posypeme bazalkou. Vajcia vyšľaháme so smotanou a nalejeme na zeleninu. Necháme krátko zapiecť a

-
-

posypeme syrom. Pečte v rúre 10-15 minút do zlatista a nechajte stuhnúť.

31. Talianska omeleta s hráškom

- Príprava: 30 min
- varenie za 55 min
- porcie 4 **ingrediencie**

- 1 šalotka
- 1 cesnak
- 40 g rukoly (0,5 zväzku)
- 500 g mrazeného hrášku
- 7 vajec
- 150 ml šľahačky soľ korenie
  1 lyžica olivového oleja

Prípravné kroky

1. Ošúpeme a najemno nakrájame šalotku a cesnak. Raketu umyte, roztriedte a vytraste dosucha. Hrášok necháme rozmraziť.
2. Vajcia rozšľaháme v miske a vyšľaháme nahrubo so smotanou, ochutíme soľou a korením. Na panvici odolnej voči rúre zohrejte olej a na strednom ohni opečte šalotku a cesnak, kým nebudú priehľadné. Vmiešame hrášok a krátko podusíme. Pridajte vajcia a nechajte ich krátko stuhnúť. Vložte panvicu do predhriatej rúry na 200 ° C a pečte 15-20 minút do zlatista. Vyberte a podávajte, nakrájajte na kúsky a ozdobte rukolou.

☐
☐

32. Zemiaková omeleta na španielsky spôsob

- Príprava: 40 min
- porcie 4 **ingrediencie**

- 600 g zemiakov 1 červená paprika
- 1 žltá paprika
- 1 zelená paprika
- 1 nadrobno nakrájanú čili papričku
- 200 g špenátu
- 8 vajec
  1 Cibuľa
  2 strúčiky cesnaku
  olivový olej
- soľ

- paprika z mlyna

Prípravné kroky

1. Zemiaky ošúpeme a nakrájame na kocky. Pomaly opekáme na veľkej panvici s množstvom olivového oleja cca. 15 minút za občasného otáčania. Nemali by ste brať farby.
2. Papriky medzitým umyjeme, rozpolíme, očistíme a nakrájame na kocky.
3. Cibuľu a cesnak ošúpeme a nakrájame nadrobno.
4. Špenát umyjeme, očistíme a krátko blanšírujeme vo vriacej osolenej vode. Uhaste, stlačte a nakrájajte.
5. Vyberte zemiaky z panvice a odstráňte prebytočný olej. Cibuľu, cesnak, čili, špenát a papriku už len podusíme na troche oleja, vyberieme. Vajcia rozšľaháme, zmiešame s opraženou zeleninou, dochutíme soľou, korením a pridáme do panvice. Nechajte pomaly stuhnúť asi 5-6 minút. Potom tortillu pomocou taniera otočíme a opečieme z

druhej strany do zlatista. Podávame studené alebo teplé, nakrájané na kúsky.

33. Syrová omeleta

- Príprava: 15 minút
- varenie za 22 min
- porcia 1 **ingrediencie**

- 3 vajcia
- 2 lyžice šľahačky
- soľ korenie z mlyna
- 1 jarná cibuľka
- 1 červená špicatá paprika
- 1 lyžica masla
- 2 lyžice strúhaného syra zb čedar **Kroky prípravy**

1. Rúru predhrejeme na 220°C horný ohrev. Vajcia rozmiešame so smotanou a dochutíme soľou a korením. Jarnú cibuľku umyjeme, očistíme a nakrájame na jemné kolieska. Papriky umyjeme, prekrojíme na polovice, očistíme a nakrájame na kocky.
2. Maslo dáme na rozpálenú panvicu a zalejeme vajcom. Posypeme jarnou cibuľkou a paprikou a necháme 1-2 minúty stuhnúť a pečieme do zlatista. Zvinieme a posypeme syrom. Pečieme v rúre asi 5 minút do zlatista.

34. Paradajková omeleta s ovčím syrom

- Príprava: 20 min

- porcie 4 **ingrediencie**

- 8 vajec
- 100 ml šľahačkovej smotany
- 3 paradajky
- 1 lyžica masla
- 200 g feta nakrájanej na kocky
- soľ
- paprika z mlyna
- čerstvo nastrúhaný muškátový oriešok
- 2 lyžice nasekanej bazalky na **prípravu ozdoby**

1. Vajcia vyšľaháme so smotanou a dochutíme soľou, korením a muškátovým orieškom. na
2. Paradajky umyjeme a rozštvrtíme, zbavíme semienok a nakrájame na malé kocky. Na rozpálenom masle zľahka vydusíme, pridáme kocky fety a nalejeme na vajcia. Miešame, kým omeleta nezačne stagnovať. Potom prikryte a nechajte na miernom ohni stáť asi 2 minúty. Omeletu rozštvrtíme a poukladáme na taniere. Podávame posypané bazalkou.

35. Omeleta s fetou a zeleninou

- Príprava: 30 min
- varenie za 55 min
- porcie 4 **ingrediencie**

- 200 g kukuričnej plechovky
- 1 baklažán
- 2 cukety
- 300 g cherry paradajok
- 1 strúčik cesnaku
- 4 lyžice olivového oleja
- soľ
- paprika z mlyna
- 1 ČL sušeného oregana
- 7 vajec

- 100 ml mlieka
- 200 g feta
- bazalka na ozdobu

Prípravné kroky
1. Umyte a očistite zeleninu. Cez sitko sceďte kukuricu. Baklažán a cuketu umyjeme, očistíme a nakrájame na tyčinky. Paradajky tiež umyjeme a rozpolíme. Cesnak ošúpeme a nakrájame na jemné plátky. Na panvici zohrejte 2 polievkové lyžice, opečte cesnak, baklažány, cuketu a kukuricu, pokračujte v smažení asi 4 minúty za stáleho miešania. Potom pridajte paradajky. Zeleninovú zmes dochutíme soľou, korením, oreganom a octom a odstavíme zo sporáka.
2. Vajcia vyšľaháme s mliekom, soľou a korením. Na panvici rozohrejeme zvyšok oleja. Zalejeme 1/4 vaječnej zmesi a miernym otáčaním a nakláňaním panvice necháme rovnomerne tiecť. Vyprážame z oboch strán dozlatista. Na každý tanier položíme jednu omeletu, polovicu zalejeme zeleninovou zmesou, priklopíme a posypeme feta vločkami. Podávame ozdobené bazalkou.

36. Frittata s cuketou

- Príprava: 10 min
- varenie za 28 min
- porcie 4 **ingrediencie**

- 2 cukety
- 1 strúčik cesnaku
- 1 polievková lyžica čerstvo nasekaného tymiánu
- 2 lyžice olivového oleja
- soľ
- paprika z mlyna
- 5 vajec
- 50 ml šľahačkovej smotany
- 50 g strúhaného parmezánu **Kroky prípravy**

1. Cuketu umyjeme, očistíme a nakrájame. Cesnak ošúpeme a nakrájame na jemné plátky. Cuketu zmiešame s lístkami tymianu a cesnakom a opečieme na rozpálenom oleji na panvici 2-3 minúty, dochutíme soľou a korením. Vylejte výslednú tekutinu.
2. Vajcia rozšľaháme so smotanou, dochutíme soľou a korením, nalejeme na cuketu a prikryjeme a necháme na miernom ohni 8-10 minút postáť. Potom frittatu pomocou veľkého taniera otočte, posypte parmezánom a prikryte a pečte 3-5 minút.
3. Na servírovanie nakrájajte na malé štvorčeky.

37. Omelety s pórom a slaninou

- Príprava: 50 min
- porcie 4 **ingrediencie**

- 150 g múky
- 2 vajcia
- 250 ml mlieka
- 2 ČL oleja
- olej na vyprážanie
- Na náplň
- 75 g goudy najemno nastrúhanej
- 500 g póru bieleho a svetlozeleného, umytého a očisteného
- 75 g raňajkovej slaniny nakrájanej nadrobno

- soľ
- paprika z mlyna
- 4 lyžice syra creme fraiche

Prípravné kroky

1. Múku zmiešame s vajcom, mliekom, olejom a soľou na cesto a necháme cca. 30 minút. Potom vmiešame 25 g syra Gouda.
2. Pór nakrájame na tenké kolieska. Na panvici opražíme slaninu, pridáme pór a prikryté varíme cca. 8-12 minút. Dochutíme soľou, korením a creme fraiche,
3. Na oleji opečieme z cesta 4 omelety, naplníme pórovou zmesou, posypeme zvyšným syrom a priklopíme.
4. Pečieme v rúre vyhriatej na 220°C cca. 5 minút, podávajte horúce.

38. Mango omeleta

- Príprava: 45 min
- porcie 4 **ingrediencie**

- 2 zrelé mangá
- 1 bio citrón
- 2 lyžice cukru
- 8 vajec
- soľ
- 4 lyžice múky
- maslo

Prípravné kroky

1. Mango ošúpeme, z oboch strán odrežeme dužinu od kôstok a nakrájame na jemné plátky. Utrite kôru z citróna a vytlačte šťavu.
2. Vajíčka oddelíme a z bielkov vyšľaháme tuhý sneh. Vaječné žĺtky vymiešame s cukrom, citrónovou kôrou, poriadnou štipkou soli a múkou do krémova. Metličkou vmiešame sneh z bielkov.
3. Medzitým si na malej panvici rozohrejte trochu masla. Cesto nalejte do panvice malou naberačkou (napr. polievkovou lyžičkou) a prikryte plátky manga. Prikryte pokrievkou a na miernom ohni smažte asi 2-3 minúty dozlatista, raz otočte a smažte asi 1 minútu, potom vyberte a udržujte v teple. Postupne upečieme 8 malých omeliet

39. Paprika a zemiaková tortilla

- Príprava: 35 min ☐ koksovanie za 1 h 35 min
- porcie 4 **ingrediencie**

- 700 g prevažne voskových zemiakov
- soľ
- 3 červené papriky
- 1 zeleninová cibuľa
- 2 strúčiky cesnaku
- 6 vajec
- 200 ml šľahačky s obsahom tuku najmenej 30 %.
- 300 ml mlieka
- 100 g čerstvo nastrúhaného parmezánu

- paprika z mlyna
- muškátový oriešok
- 2 lyžice rastlinného oleja
- tuk pre tvar

Prípravné kroky

1. Zemiaky umyjeme a uvaríme v osolenej vriacej vode 20-25 minút. Scedíme, prepláchneme studenou vodou, ošúpeme a necháme vychladnúť. Rúru predhrejeme na 180°C horný a spodný ohrev.
2. Papriku umyjeme, prekrojíme na polovicu, zbavíme jadrovníka, vodorovne rozpolíme a nakrájame na široké pásiky. Ďalej ošúpeme a nadrobno nakrájame cibuľu a cesnak.
3. Vajcia vyšľaháme so smotanou, mliekom a syrom a dochutíme soľou, korením a muškátovým orieškom. Zemiaky nakrájame na 0,5 cm hrubé plátky a na rozpálenej panvici s olejom ich opečieme do zlatista. Pridáme kocky cibule a cesnaku, krátko orestujeme a vložíme do vymasteného pekáča s pásikmi papriky.
4. Zalejeme vaječnou smotanou, kým nie je všetko dobre zakryté a pečieme vo vyhriatej rúre 30-35 minút do zlatista. Vyberieme,

vyberieme z formy, nakrájame na kocky 4x4 cm a podávame s vareškou.

40. Omelety s cuketou

- Príprava: 25 min
- porcie 4 **ingrediencie**

- 10 vajec
- 50 ml ovseného nápoja (ovsené mlieko)
- 2 lyžice čerstvo nakrájanej bazalky
- soľ
- korenie
- 2 cukety
- 250 g cherry paradajok
- 2 lyžice olivového oleja

Prípravné kroky

1. Vajcia vyšľaháme s ovseným nápojom a bazalkou. Dochutíme soľou a korením.
2. Cuketu umyjeme, očistíme a nakrájame na kúsky. Paradajky umyjeme a rozpolíme. Zeleninu voľne premiešame, dochutíme soľou, korením a každú 1/4 minúty restujeme na troche rozpáleného oleja. Každé zalejeme 1/4 vajec, premiešame a smažíme 4-5 minút do zlatista a necháme stuhnúť. Takto upečieme všetky 4 omelety a podávame.

41. Omelety so zeleninou, krutónmi a tofu

- príprava 30 minút
- porcie 2

Ingrediencie:

- 250 g hodvábneho tofu
- 6 paradajok
- 4 plátky pšeničného chleba
- 2 červené sladké papriky
- 2 polievkové lyžice prepusteného masla
- 1 polievková lyžica najemno nastrúhaného parmezánu

- zväzok zelenej pažítky
- soľ
- Mleté čierne korenie
- zelenej petržlenovej vňate :

1. Všetku zeleninu a zeleninu umyte a vypustite z vody. Paradajky nakrájame na malé kúsky. Odstráňte semená z papriky a nakrájajte ju na malé kocky. Pažítku a zelenú petržlenovú vňať nakrájame nadrobno. Vajcia rozbijeme do hrnčeka, zmiešame so štipkou soli, korením a strúhaným parmezánom a nalejeme na rozpálenú panvicu bez tuku. Všetko smažte z oboch strán, kým vajcia úplne nestuhnú. Potom vyberte z panvice a položte na tanier.
2. Tofu nakrájajte na kocky a zľahka opečte na 1 lyžici prepusteného masla na panvici. Po zhnednutí vyberieme z panvice a položíme na omeletu na tanieri. Potom k nej pridáme nakrájanú zeleninu a všetko posypeme nasekanou pažítkou a zelenou petržlenovou vňaťou. Potom opečte plátky pšeničného chleba na zvyšnom prepustenom masle na panvici, vyberte ich a pridajte do misky.

42. Občerstvenie so šunkou a omeletou

- príprava do 30 minút
- porcie 2

Ingrediencie:

- 200 g šunky nakrájanej na plátky
- 4 vajcia
- 2 polievkové lyžice mlieka
- 1 polievková lyžica pšeničnej múky
- soľ
- Mleté čierne korenie
- huňatého šalátu :

1. Hlávkový šalát rozdelíme na listy, dôkladne ich umyjeme, scedíme z vody a dáme na podnos. Vajcia rozbijeme do hrnčeka, pridáme múku, štipku soli a korenia, pridáme mlieko a celé rozšľaháme vidličkou.
2. Potom ho vylejeme na rozpálenú panvicu bez tuku a opekáme z oboch strán, kým vajcia úplne nestuhnú, potom odstavíme z ohňa. Opečenú omeletu vložíme do plátkov šunky, zabalíme do roliek, poukladáme na listy šalátu a upevníme malými špáradlami.

43. Zeleninová omeleta

- príprava: 30-60 minút
- porcie 2 **ingrediencie:**

- 6 vajec
- 1 sladká červená paprika
- 1 zelená sladká paprika
- 1 červená cibuľa
- 1 brokolica
- 1 polievková lyžica pšeničnej múky
- 0,5 šálky mlieka 2%
- soľ

príprava mletého čierneho korenia :

1. Všetku zeleninu umyte a sceďte z vody. Odstráňte semená z červenej a zelenej papriky a nakrájajte na malé kúsky. Červenú cibuľu ošúpeme a nakrájame na tenké plátky.
2. Brokolicu rozdelíme na ružičky, vložíme do hrnca, zalejeme jemne osolenou vodou, aby nevyčnievali a uvaríme do mäkka. Po uvarení brokolicu scedíme.
3. Potom do hrnčeka rozšľaháme vajcia, nalejeme do nich mlieko, pridáme múku, štipku soli a korenia a metličkou dôkladne rozšľaháme a nalejeme do žiaruvzdornej nádoby.
4. Pridajte všetku predtým nakrájanú zeleninu a uvarenú brokolicu. Všetko vložíme do rúry vyhriatej na 175 °C a pečieme, kým zelenina nezmäkne.
5. Po upečení vyberieme z rúry a necháme mierne vychladnúť.

44. Omelety s ovocím

- príprava: do 30 minút
- porcie 2 **ingrediencie:**

- 6 vajec
- 1 lyžička pšeničnej múky
- 0,5 šálky mlieka 2%
- soľ
- zväzok pažítky

OVOCIE:

6 banánov
- **Príprava** 1 šálky čučoriedok :

1. Banány a bobule umyte a sceďte z vody. Banány zbavíme končekov, ošúpeme, dužinu nakrájame na tenké plátky a dáme na tanier.

Pripravte si omeletu:

2. do hrnčeka rozbijeme vajíčka, nalejeme do nich mlieko, pridáme múku, štipku soli a nadrobno nasekanú pažítku. Všetko dobre premiešame vidličkou, potom nalejeme na rozpálenú panvicu bez tuku a smažíme na strednom ohni, kým vajcia úplne nestuhnú. Potom odstavíme z ohňa a pridáme k banánom na tanieri. Všetko posypeme čučoriedkami.

45. Omeleta z baklažánu

- príprava do 30 minút
- porcie 2 **ingrediencie**:

- 4 vajcia
- 4 polievkové lyžice oleja
- 2 baklažány
- 2 paradajky
- 2 strúčiky cesnaku
- 2 limetky
- 1 cibuľa
- soľ

príprava mletého čierneho korenia :

1. Zeleninu umyte a sceďte vodu. Baklažán nakrájaný na plátky s hrúbkou 1 cm. Paradajky nakrájame na malé kúsky. Cibuľu s cesnakom ošúpeme zo šupky a nakrájame nadrobno. Vajcia rozbijeme do misky a rozšľaháme ich vidličkou so štipkou soli a mletého čierneho korenia. Nakrájaný baklažán vložíme na rozpálenú panvicu s 1 polievkovou lyžicou oleja a na strednom ohni ich opečieme do zlatista. Potom ich vezmite z ohňa a vyzlečte ich z kože. Do

rozšľahaných vajec pridáme nakrájané paradajky, cibuľu a cesnak a dobre premiešame. Potom na panvici zohrejte zvyšný olej a pridajte doň opečené baklažány zbavené šupky. Všetko zalejeme rozmiešanými vajíčkami a zeleninou. Všetko opečieme z oboch strán do zlatista a po opečení odstavíme z ohňa a dáme na tanier.

46. Omeleta s ustricami

- príprava 30-60 minút
- porcie 4

Ingrediencie:

- 300 g mrazených ustríc
- 200 ml horúcej čili omáčky
- 3 polievkové lyžice oleja
- 2 strúčiky cesnaku
- 2 banánové listy
- 5 vajec
- 0,5 šálky mlieka 2%
- zelená petržlenová vňať

soľ

- **príprava** mletého čierneho korenia :

1. Zelenú petržlenovú vňať a banánové listy umyjeme a scedíme. Vložte banánové listy na tanier. Rozmrazte ustrice, odrežte škrupiny a odstráňte nejedlé časti. Potom cesnak ošúpeme zo šupky, nasekáme nadrobno a opražíme na rozpálenom oleji na panvici.
2. Do zosklovateného cesnaku pridáme ustrice nakrájané na kúsky. Smažte ich na strednom ohni, kým nie sú jemne zlaté. Potom do hrnčeka rozklepneme vajíčka, vidličkou ich rozšľaháme s mliekom, štipkou soli, mletým čiernym korením a vlejeme do opečených ustríc. Všetko dobre premiešame a smažíme, kým vajcia úplne nestuhnú. Potom všetko

stiahneme z ohňa a vložíme na tanier do banánového listu. Hotové jedlo posypeme zelenou petržlenovou vňaťou a podávame spolu s čili omáčkou.

47. Ryža s omeletou, slaninou a čakankou

- príprava 30-60 minút
- porcie 4

Ingrediencie:

- 25 g plátkov údenej slaniny
- 3 vajcia

- 3 polievkové lyžice oleja
- 1 šálka lepkavej ryže
- 1 malý por
- 1 červená čakanka
- 1 polievková lyžica mlieka
  1 polievková lyžica pšeničnej múky
- soľ
- korenie

príprava:

1. Umyte zeleninu a vypustite vodu. Potom pór nakrájajte na malé kúsky.
2. Čakanku nakrájame na tenké plátky. Štyri plátky slaniny necháme vcelku a zvyšok nakrájame na kocky. Ryžu prepláchneme pod tečúcou vodou, nasypeme do hrnca, zalejeme dvoma pohármi jemne osolenej vody, voľne uvaríme a odparíme.
3. Vajcia rozbijeme do misky, nalejeme do nich mlieko, pridáme múku, štipku soli a korenia a vidličkou rozšľaháme. Vyšľahané ingrediencie nalejte do 1 lyžice horúceho oleja na panvici a smažte, kým stuhne.
4. Potom ich odstavte z ohňa, nakrájajte na malé kúsky a zmiešajte s uvarenou ryžou.

5. Potom na panvici rozohrejeme zvyšný olej, pridáme nakrájanú slaninu a pór, dochutíme korením podľa chuti a opekáme, kým mäso nie je zlatisté.
6. Potom k nej pridáme rozmixovanú ryžu a omeletu, opäť premiešame a prikryté ešte minútu opekáme.
7. Po uplynutí tejto doby odstavte všetko z ohňa a položte na tanier, pridajte zvyšné plátky slaniny. Všetko posypeme nasekanou čakankou.

48. Omeleta s fazuľou a šunkou

Ingrediencie:

- 30 g zelenej fazuľky
- 25 g nakrájanej šunky serrano
- 3 polievkové lyžice olivového oleja
- 2 strúčiky cesnaku
- 2 polievkové lyžice majonézy
- 1 lyžička mletej sladkej červenej papriky
- 1 údená čili papričка
- zväzok pažítky, soľ
- korenie
- soľ

Na omeletu:

- 4 vajcia
- 2 polievkové lyžice mlieka
- 1 polievková lyžica prípravku z pšeničnej múky :

1. Umyte zeleninu a vypustite vodu. Pažítku nakrájame nadrobno. Z údenej papriky odstráňte semienka a nakrájajte na malé kúsky. Fazuľu zbavíme koncov, vložíme do hrnca, zalejeme 1 litrom jemne osolenej vody, uvaríme do mäkka a scedíme. Cesnak ošúpeme zo šupky, nakrájame na malé kocky a orestujeme na 2 lyžiciach rozpáleného olivového oleja v panvici. Do zosklovateného cesnaku pridáme nasekané, nadrobno údené čili papričky, plátky šunky a predtým uvarené zelené fazuľky. Smažte prikryté 1,5 minúty na strednom ohni.
2. Potom pripravíme omeletu: vajce dáme do kastróla, nalejeme do nich mlieko, pridáme múku, štipku soli, korenie a celé to poriadne rozšľaháme vidličkou. Vyšľahané ingrediencie nalejte na vyprážané ingrediencie na panvici. Všetko smažte, kým

sa vajcia nerozrežú. Pripravené na odstránenie z ohňa a vloženie do misky.
3. Všetko posypeme nasekanou pažítkou.

49. omeletová roláda

Ingrediencie:

- 6 vajec
- 5 lyžíc smotany 12%
- 2 polievkové lyžice múky
- 15 gramov masla
- bylinkový tvaroh
- zelený hrášok
- konzervovaná kukurica
- 20 gramov strúhaného syra

- zelený kôpor alebo petržlen
- soľ
- korenie

príprava:

1. Vajcia rozšľaháme so strúhaným syrom, smotanou a múkou. Pridajte soľ. Na panvici rozpustíme maslo a prilejeme vyšľahanú hmotu. Vyprážajte na vysokej teplote z oboch strán, pričom dno vypáčte špachtľou, aby sa nepripálilo. Hotovú omeletu dáme na tanier, potrieme tvarohom, posypeme hráškom, kukuricou, korením, nasekaným kôprom alebo petržlenovou vňaťou. Zvinieme a potom nakrájame na hrubé plátky. Podávajte teplé.

50. Bravčová omeleta

- príprava do 30 minút
- porcie 2

Ingrediencie:

- 300 g mletého bravčového mäsa
- 4 vajcia
- 2 polievkové lyžice oleja
- 2 čajové lyžičky tmavej sójovej omáčky
- 2 paradajky
- 1 cibuľa

- 1 zelená uhorka
- soľ
- **príprava** mletého čierneho korenia :

2. Paradajky a uhorky umyte a sceďte z vody. Uhorku ošúpeme, spolu s paradajkami nakrájame na tenké plátky a dáme na tanier. Cibuľu ošúpeme, nakrájame nadrobno a orestujeme na rozpálenom oleji na panvici. Po zosklovatení pridáme mleté mäso, zalejeme sójovou omáčkou, premiešame a opekáme, kým mäso neztmavne. Potom do hrnčeka rozklepneme vajíčka, rozšľaháme ich vidličkou so štipkou soli a korenia a zalejeme nimi opečené mäso s cibuľou. Všetko smažte do zlatista na strednom ohni z oboch strán. Po vyprážaní odstavíme z ohňa a dáme na tanier s nakrájanou zeleninou.

51. Omeleta z ryže a mäsa

- príprava do 30 minút
- porcie 2

Ingrediencie:

- 350 g mletého hovädzieho a bravčového mäsa
- 200 g hnedej ryže
- 150 g kukurice v slanom náleve
- 4 vajcia
- 3 polievkové lyžice oleja
- 2 polievkové lyžice pikantného kečupu
- 1 cibuľa
- 0,5 šálky mlieka 2%

- soľ
- **príprava** čierneho korenia (mleté) :

1. Vyberte kukuricu z nálevu. Ryžu prepláchneme pod tečúcou vodou, nasypeme do hrnca, zalejeme 4 hrnčekmi jemne osolenej vody a uvaríme do sypania.
2. Po uvarení vyparíme. Cibuľu ošúpeme, nakrájame nadrobno a orestujeme na rozpálenom oleji na panvici. K zosklovatenej cibuli pridáme mleté mäso, dochutíme podľa chuti štipkou soli, mletým korením, dobre premiešame a opekáme, kým neztmavne. Potom pridajte predtým uvarenú ryžu a kukuricu scedenú z nálevu. Všetko dôkladne premiešajte a smažte ďalšie 3 minúty na strednom ohni, potom odstráňte z tepla a položte na tanier.
3. Potom rozbite vajcia do pohára, nalejte do nich mlieko, pridajte štipku soli a dobre rozšľahajte vidličkou. Po vyšľahaní ich prelejeme na rozpálenú panvicu bez tuku a varíme, kým nie sú pevné. Potom ich vyberte z panvice a pridajte do misky. Všetko zalejeme pikantným kečupom.

52. Karfiolová omeleta

- príprava do 30 minút
- porcie 2 **ingrediencie:**

- 6 vajec
- 2 polievkové lyžice strúhaného syra Gouda
- 2 polievkové lyžice masla
- 0,5 šálky mlieka 2%
- 1 veľký karfiol
- soľ
- **príprava** mletého čierneho korenia :

1. Karfiol umyjeme, rozoberieme na ružičky, vložíme do hrnca, pridáme 1,5 litra jemne osolenej vody a varíme do mäkka.
2. Po uvarení karfiol scedíme a vložíme do rozpáleného masla na panvici. Potom pridajte vajcia do pohára, pridajte nastrúhaný syr Gouda, štipku soli a korenia, zalejte mliekom, dobre rozšľahajte vidličky a potom nalejte celý karfiol na panvicu.
3. Všetko opečieme do zlatista a hotovú omeletu podávame teplú.

53. omeleta s ricottou a parmezánom

Ingrediencie:

- 200 g syra ricotta ☐ 2 polievkové lyžice masla
- hrsť čerstvej bazalky
- soľ
- *omeleta z* čerstvo mletej papriky :

- 5 vajec
- 1 polievková lyžica pšeničnej múky
- 1 polievková lyžica strúhaného parmezánu
- 1 polievková lyžica mlieka

príprava:

1. Umyte bazalku a sceďte vodu. Na rozpálenej panvici rozpustíme maslo. Do rozpusteného masla pridajte syr ricotta a smažte ho 1 minútu na strednom ohni.

Pripravte si omeletu:

2. rozbite vajcia do pohára a pridajte múku, strúhaný parmezán a štipku soli. Potom ingrediencie v hrnčeku dobre rozšľaháme vidličkou a nalejeme do opražených ingrediencií na panvici. Všetko smažte prikryté, kým vajcia nestuhnú. Potom všetko odstavíme z ohňa, ozdobíme bazalkou a posypeme čerstvo mletým korením.

54. Zemiaková omeleta

- príprava 30-60 minút
- porcie 4 **ingrediencie:**

- 6 vajec
- 500 g zemiakov
- 2 polievkové lyžice masla
- 2 polievkové lyžice mlieka 2%
- 1 cibuľa
- 0,5 lyžičky zemiakového korenia
- soľ
- korenie

príprava:

3. Zemiaky dôkladne vydrhneme pod tečúcou vodou, vložíme do hrnca, zalejeme vodou, aby nevytŕčali a uvaríme v plášti do mäkka. Po uvarení ju scedíme a nakrájame na tenké plátky. Potom do pohára rozbijeme vajcia, nalejeme do nich mlieko, pridáme štipku soli a korenia a vidličkou rozšľaháme. Cibuľu ošúpeme, nakrájame na malé kocky a opražíme na rozpálenom masle na panvici. K orestovanej cibuľke pridajte nakrájané zemiaky, posypte ich štipkou soli, korenia, zemiakového korenia a na miernom ohni opekajte 40 sekúnd. Do vyprážaných ingrediencií nalejte predtým rozšľahané vajcia, premiešajte a smažte, kým stuhne. Potom všetko zložte z ohňa.

55. omeleta so syrom a sójovou omáčkou

Ingrediencie:

- 15 g strúhaného parmezánu
- 4 vajcia
- 2 polievkové lyžice mlieka
- 2 polievkové lyžice pšeničnej múky
- 2 polievkové lyžice tmavej sójovej omáčky
- 0,5 lyžičky soli
- 0,5 lyžičky mletého čierneho korenia
- zelená petržlenová vňať

príprava:

1. Zelenú petržlenovú vňať umyjeme, scedíme a nasekáme nadrobno. Vajcia rozklepneme do hrnca, pridáme k nim múku, soľ, korenie, nalejeme do nich mlieko a mixérom všetko vymiešame do konzistencie hustého krému. Zmiešané ingrediencie vysypeme lyžicou na rozpálenú panvicu bez tuku a na strednom plameni opekáme z oboch strán, kým jemne nezhnednú.
2. Potom odstavte z ohňa, posypte strúhaným parmezánom, zrolujte a dajte späť na stredný oheň. Smažte prikryté, kým sa syr neroztopí. Potom stiahneme z ohňa, rozdelíme na porcie a dáme na tanier. Potom všetko pokvapkáme sójovou omáčkou a posypeme nadrobno nakrájanou zelenou petržlenovou vňaťou.

56. Morčacia roláda, omeleta a špenát

Ingrediencie:

- 4 morčacie prsia
- 250 g mrazeného špenátu
- 4 polievkové lyžice oleja
- 2 polievkové lyžice pikantného kečupu
- 1 cibuľa
- 0,5 lyžičky strúhaného muškátového oriešku
- soľ
- korenie

Pre omeletu:

príprava:

- 4 vajcia

- 2 polievkové lyžice mlieka
- 1 polievková lyžica prípravku z pšeničnej múky :

1. Morčacie prsia umyjeme, scedíme, roztlačíme paličkou, položíme na dosku, z jednej strany potrieme pikantným kečupom a posypeme soľou a korením.

Pripravte si omeletu.

2. Vajcia rozšľaháme v miske a vyšľaháme s múkou a mliekom. Vyšľahané ingrediencie dáme na rozpálenú panvicu bez tuku a na strednom ohni opekáme z oboch strán, kým vajcia nie sú pevné.
3. Potom odstavíme z ohňa a položíme na morčacie prsia natreté kečupom. Cibuľu ošúpeme, nakrájame na malé kocky a orestujeme na 2 lyžiciach rozpáleného oleja v panvici.
4. Špenát rozmrazíme a pridáme k zosklovatenej cibuli. Suroviny podľa chuti dochutíme štipkou soli a korenia, pridáme nastrúhaný muškátový oriešok, premiešame a prikryté dusíme na miernom ohni 2 minúty. Po

uplynutí tejto doby odstavíme z ohňa a pridáme k surovinám s mäsom.
5. Potom všetko zavinieme, previažeme špagátom, vložíme do pekáča a pokvapkáme 2 lyžicami zvyšného olivového oleja. Všetko vložíme do rúry vyhriatej na 175 °C a pečieme, kým mäso nezmäkne.

57. Omeleta so slaninou, zemiakmi a špargľou

- príprava do 30 minút
- porcie 2

Ingrediencie:

- 30 g zelenej špargle
- 20 b údenej slaniny
- 4 polievkové lyžice oleja
- 4 zemiaky
- 4 vajcia
- 2 polievkové lyžice mlieka
- 2 lyžice hustej smotany
- 0,5 lyžičky mletej červenej papriky
- soľ

- **príprava** papriky :
1. Špargľu umyjeme a scedíme z vody. Špargľu dáme do hrnca, pridáme 3 hrnčeky jemne osolenej vody, uvaríme do mäkka a scedíme.
2. Zemiaky dôkladne umyjeme pod tečúcou vodou, zalejeme 1 litrom vody, uvaríme v obale domäkka, scedíme a nakrájame na tenké plátky. Vajcia rozbijeme do hrnca a rozšľaháme ich metličkou s mliekom, štipkou soli a korením.
3. Nalejte ju na rozpálenú panvicu bez tuku a na strednom ohni opekajte, kým nebude pevná. Potom stiahneme z ohňa a dáme na tanier. Na panvici zohrejte olej a pridajte predtým uvarené zemiaky.
4. Opečte ich do zlatista, potom ich odstavte z ohňa a položte na vyprážanú omeletu. Slaninu nakrájame na kocky a opražíme na rozpálenej panvici bez tuku. Uvarenú špargľu pridáme k opečenej slanine a na miernom ohni varíme 1,5 minúty. Vypražené ingrediencie odstavíme z ohňa a pridáme k celku s hustou smotanou. Všetko posypeme mletou červenou paprikou.

58. Omeleta s krutónmi a fazuľovými klíčkami

Ingrediencie:

- 5 g klíčkov z fazule mungo
- 4 vajcia
- 4 plátky toastového chleba
- 3 polievkové lyžice oleja
- 2 strúčiky cesnaku
- 2 polievkové lyžice vody
- zväzok pažítky
- soľ
- korenie

príprava:

1. Fazuľové klíčky oparíme 1 šálkou vriacej vody a scedíme prebytočnú vodu. Pažítku umyjeme, scedíme a nakrájame na kúsky. Toastový chlieb nakrájame na veľké kocky.
2. Cesnak ošúpeme zo šupky, nasekáme nadrobno a orestujeme na rozpálenom oleji na panvici. Pridajte toastový chlieb a pažítku k zosklovatenému cesnaku a smažte, kým ingrediencie nie sú zlatohnedé.
3. Potom dajte vajcia do hrnca, nalejte do nich vodu, pridajte štipku soli a korenia a nalejte do celku.
4. Všetko smažte, kým sa vajcia nerozrežú. Potom pridajte predtým ovarené fazuľové klíčky a prikryté smažte 40 sekúnd. Hotové jedlo odstavíme z ohňa a položíme na tanier.

59. Omeleta s brokolicou, šunkou a krutónmi

- príprava do 30 minút
- porcie 4

Ingrediencie:

- 15 g údenej šunky
- 4 vajcia
- 2 polievkové lyžice oleja
- 2 polievkové lyžice mlieka
- 1 brokolica
- 1 cibuľa
- 1 malá bageta
- korenie

- soľ

príprava:

1. Brokolicu umyjeme, rozdelíme na ružičky, pridáme 1 liter jemne osolenej vody, uvaríme do mäkka a scedíme.
2. Cibuľu ošúpeme, nakrájame na kocky a opražíme na panvici na rozpálenom oleji.
3. Šunku nakrájame na kocky, pridáme k zosklovatenej cibuli a opražíme. Potom v hrnci rozšľaháme vajcia s mliekom a zalejeme opraženými ingredienciami. Pridajte predtým uvarenú brokolicu, posypte štipkou soli a korenia a smažte, kým vajcia nezmäknú.
4. Pripravené na odstránenie z ohňa a položenie na tanier. Bagetu nakrájame na tenké plátky, opražíme na zvyšnom oleji z oboch strán a pridáme do jedla.

60. Bravčová kotleta s omeletou, ryžou a kukuricou

- príprava do 30 minút
- porcie 2

Ingrediencie:

- 200 g kukurice v slanom náleve
- 6 lyžíc oleja
- 4 vajcia
- 4 bravčové kotlety s kosťou
- 2 polievkové lyžice pikantného kečupu
- 2 strúčiky cesnaku
- 1 polievková lyžica múky
- 1 polievková lyžica mlieka

- 1 šálka hnedej ryže
- soľ
- korenie

príprava:

1. Mäso umyjeme, scedíme a rozdelíme na porcie. Hnedú ryžu prepláchneme pod tečúcou vodou, zalejeme 2 pohármi jemne osolenej vody a varíme, kým sa voda úplne neodparí.
2. Potom cesnak ošúpeme zo šupky, nasekáme nadrobno a orestujeme na 2 lyžiciach rozpáleného oleja na panvici. Ku glazúrovanému cesnaku pridáme kukuricu scedenú z nálevu a predtým uvarenú ryžu.
3. Suroviny podľa chuti ochutíme štipkou soli a korenia a smažíme 1,5 minúty na strednom ohni. Vyprážané odstavíme z ohňa a dáme na tanier.
4. Vajcia rozbijeme do hrnca, potom pridáme múku, zalejeme mliekom, posypeme štipkou soli a celé dôkladne pretrepeme metličkou.
5. Rozšľahané vajcia nalejte do horúcej panvice bez tuku a smažte, kým stuhne. Potom odstavte z ohňa a pridajte k surovinám na tanieri. Bravčové kotlety posypeme korením

a soľou a opečieme z oboch strán na zvyšnom rozpálenom oleji na panvici.
7. Vypražené scedíme od tuku a pridáme do jedla. Všetko zalejeme pikantným kečupom.

61. Francúzska omeleta

Ingrediencie:

- 15 g tataráku sera Gruyere
- 2 polievkové lyžice masla
- zväzok pažítky
- korenie
- **príprava** soli :

1. Pažítku umyjeme a scedíme z vody. Vajcia dáme do hrnca, posypeme štipkou soli a korenia a dôkladne rozšľaháme metličkou. Na panvici rozohrejeme maslo, pridáme rozšľahané vajcia a opekáme, kým stuhne.

Celé potom posypeme strúhaným syrom Gruyere a nasekanou pažítkou. Všetko vareškou zvinieme a prikryté opekáme, kým sa syr neroztopí.

62. Omeleta so zemiakmi, špargľou a syr

- príprava do 30 minút
- porcie 2

Ingrediencie:

- 20 g zelenej špargle
- 20 g plátkov údenej slaniny
- 20 g kozieho tvarohu
- 4 vajcia
- 4 zemiaky
- 2 polievkové lyžice mlieka
- 2 strúčiky cesnaku
- 2 polievkové lyžice oleja

- 1 polievková lyžica pšeničnej múky
- 0,5 lyžičky mletej červenej papriky
- soľ
- korenie

príprava:

1. Umyte zeleninu a vypustite vodu. Vajcia rozbijeme do hrnca, nalejeme do nich mlieko, pridáme múku, dochutíme štipkou soli a korenia a dôkladne prešľaháme metličkou.
2. Vyšľahané ingrediencie vlejeme na rozpálenú panvicu bez tuku a opekáme, kým všetko nestuhne. Potom odstavte z ohňa a položte na tanier. Nakrájajte slaninu na kocky.
3. Zemiaky ošúpeme a nakrájame na tenké plátky. Cesnak ošúpeme zo šupky, nakrájame na kúsky a opražíme na rozpálenom oleji na panvici. Do zosklovateného cesnaku pridáme nakrájané zemiaky a špargľu.
4. Suroviny posypeme štipkou soli a mletou paprikou a opečieme do zlatista. Potom pridáme nakrájanú slaninu a opekáme, kým nie je mäso dozlatista. Vyprážané

odstavíme z ohňa a dáme na omeletu na tanier.

63. Omeleta so zemiakmi, špargľou a syr

- príprava do 30 minút
- porcie 4

Ingrediencie:

- 20 g zelenej špargle
- 20 g plátkov údenej slaniny
- 20 g kozieho tvarohu
- 4 vajcia
- 4 zemiaky

- 2 polievkové lyžice mlieka
- 2 strúčiky cesnaku
- 2 polievkové lyžice oleja
- 1 polievková lyžica pšeničnej múky
- 0,5 lyžičky mletej červenej papriky
- soľ
- korenie

príprava:

1. Umyte zeleninu a vypustite vodu. Vajcia rozbijeme do hrnca, nalejeme do nich mlieko, pridáme múku, dochutíme štipkou soli a korenia a dôkladne prešľaháme metličkou.
2. Vyšľahané ingrediencie vlejeme na rozpálenú panvicu bez tuku a opekáme, kým všetko nestuhne. Potom odstavte z ohňa a položte na tanier. Nakrájajte slaninu na kocky. Zemiaky ošúpeme a nakrájame na tenké plátky. Cesnak ošúpeme zo šupky, nakrájame na kúsky a opražíme na rozpálenom oleji na panvici.
3. Do zosklovateného cesnaku pridáme nakrájané zemiaky a špargľu. Suroviny posypeme štipkou soli a mletou paprikou a opečieme do zlatista. Potom pridáme

nakrájanú slaninu a opekáme, kým nie je mäso dozlatista.
4. Vyprážané odstavíme z ohňa a dáme na omeletu na tanier.

64. Tofu omeleta

Ingrediencie:

- 40 g hodvábneho tofu
- 40 g kukurice v slanom náleve
- 2 vajcia
- 2 listy červeného šalátu
- 2 cherry paradajky
- 2 polievkové lyžice mlieka
- 2 polievkové lyžice oleja

- 1 polievková lyžica kukuričného škrobu
- zväzok malej pažítky
- sol
- korenie

príprava:

1. Umyte zeleninu a vypustite vodu. Šalát a paradajky dáme na tanier.
2. Odstráňte kukuricu z nálevu a nalejte do misy. Pridáme tofu a pažítku rozdrvenú na malé kúsky.
3. Potom do nej nalejte mlieko, pridajte maizenu a pridajte vajcia. Dochutíme korením a soľou a dôkladne premiešame. Potom na panvici rozohrejeme olej a naň dáme zmiešané suroviny.
4. Všetko opečte z oboch strán na strednom ohni dozlatista, potom odstavte z ohňa a pridajte k surovinám na tanieri.

65. Hovädzia omeleta

Ingrediencie:

- 200 g mletého hovädzieho mäsa
- 3 polievkové lyžice oleja
- 2 vajcia
- 2 polievkové lyžice tmavej sójovej omáčky
- 1 červená paprika
- 1 paradajka
- 1 zelená uhorka
- 1 jarná cibuľka
- 1/2 lyžičky magi
- soľ
- korenie

príprava :

1. Umyte zeleninu a vypustite vodu. Nakrájajte paradajku. Uhorku ošúpeme a tiež nakrájame na plátky.
2. Odstráňte semená z papriky a nakrájajte ju na malé kocky. Jarnú cibuľku ošúpeme a tiež nakrájame na kocky.
3. Na panvici rozpálime olej, pridáme mleté hovädzie mäso, pridáme sójovú omáčku, dochutíme korením, soľou, magiou, premiešame a opekáme, kým mäso nezmení farbu.
4. Potom pridáme nakrájanú papriku a jarnú cibuľku a restujeme 2,5 minúty. Vajcia rozbijeme do hrnca, rozšľaháme vidličkou a potom nalejeme do vyprážaných ingrediencií.
5. Dochutíme korením podľa chuti, premiešame a opekáme, kým vajcia úplne nestuhnú. Hotové jedlo odstavte z ohňa a položte na tanier. Potom k nej pridajte nakrájanú uhorku a paradajku.

66. Omeleta s kuracími pečeňami

- Prípravy 15 min
- Doba varenia 30 min

Ingrediencie

- 6 vajec
- 150 g kuracích pečienok
- 2 šalotky
- 3 polievkové lyžice olivového oleja
- 1 ČL nasekanej petržlenovej vňate, 1 ČL nasekanej pažítky, 1 ČL nasekaného estragónu
- **Príprava** soľného korenia

1. Odrežte a nakrájajte na 4 kuracie pečienky. Ošúpeme a nasekáme šalotku.

2. Kuracie pečienky opečte na olivovom oleji a varte 3 až 4 minúty. Potom si ich rezervujte a šalotku vypite na pomerne miernom ohni. Zmiešajte ich s pečeňou a rezervujte.
3. Vajcia rozšľaháme, osolíme a okoreníme. Uvarte ich v nedbalej omelete. Natrieme na kuracie pečienky a bylinky.
4. Zložte omeletu a posuňte ju na servírovaciu misu.

67. Omeleta s krevetami a hubami

- príprava do 30 minút
- porcie 2 **ingrediencie:**

- 5 tigrích kreviet
- 6 húb
- 4 vajcia
- 3 polievkové lyžice oleja
- 2 strúčiky cesnaku
- 1 červená paprika
- 1 polievková lyžica múky
- 1 polievková lyžica mliečneho kelu na ozdobu soľ
- korenie

príprava:

1. Zeleninu a huby umyte a sceďte z vody. Odstráňte blany z húb a nakrájajte ich na tenké plátky. Odstráňte semená z papriky a nakrájajte na kúsky. Očistite krevety od nejedlých častí.
2. Vajcia rozbijeme do hrnca, nasypeme do nich múku, zalejeme mliekom a celé rozšľaháme metličkou. Cesnak ošúpeme zo šupky, nasekáme nadrobno a orestujeme na rozpálenom oleji na panvici. Očistené krevety a nasekané huby pridajte do zosklovateného cesnaku, posypte štipkou soli a prikryté na strednom ohni smažte 2,5 minúty.
3. Potom do orestovaných ingrediencií vlejeme rozšľahané vajcia, dochutíme štipkou soli, dôkladne premiešame a smažíme, kým vajcia nestuhnú. Potom všetko stiahneme z ohňa a dáme na tanier. Hotové jedlo posypeme čerstvo mletým korením a ozdobíme kelom a nakrájanou paprikou.

-
-

68. Tortilla s omeletou

Ingrediencie:

- 15 g údenej šunky nakrájanej na plátky
- 4 vajcia
- 2 tortilly
- 2 polievkové lyžice pšeničnej múky
- 2 polievkové lyžice mlieka
- 2 polievkové lyžice pikantného kečupu
- 1 cibuľa
- 1 polievková lyžica oleja
  1 zväzok pažítky

0,5 šálky vlažnej vody
- soľ
- korenie

prípava:

1. Tortillové placky namočíme do vlažnej vody, potom ich vložíme na rozpálenú panvicu bez tuku a opekáme 40 sekúnd z jednej strany. Vyprážané odstavíme z ohňa a dáme na tanier. Pažítku umyjeme, scedíme a nakrájame na kúsky. Vajcia rozbijeme do misky, pridáme na malé kúsky nakrájanú šunku. Vsypeme múku, zalejeme mliekom, potom všetko dochutíme korením a soľou a dôkladne prešľaháme metličkou. Cibuľu ošúpeme, nakrájame na malé kocky a opražíme na rozpálenom oleji na panvici. Vyšľahané ingrediencie nalejte do zosklovatenej cibule a opečte, kým stuhne (len na jednej strane). Potom to celé vložíme do tortilly, polejeme kečupom a posypeme nasekanou pažítkou.

☐
☐

70. Omeleta so salámou a cibuľou

- príprava: do 30 minút
- porcie 2 **ingrediencie:**

- 15 g salámy
- 4 vajcia
- 2 polievkové lyžice čiernych olív v slanom náleve
- 2 polievkové lyžice pšeničnej múky
- 2 polievkové lyžice mlieka
- 2 polievkové lyžice oleja
- 1 cibuľa
- 1 skleníková zelená uhorka soľ korenie

príprava:

2. Uhorku umyjeme, scedíme, nakrájame na tenké plátky, posypeme štipkou soli a dáme na tanier. Pridajte k nej na tenké plátky nakrájaný biely tvaroh. Vajcia rozbijeme do misky, pridáme múku, mlieko a dôkladne rozšľaháme vidličkou. Cibuľu ošúpeme, nakrájame na tenké kolieska, pridáme k rozšľahaným vajíčkam so salámou nakrájanou na kocky a potom všetko premiešame. Na panvici rozohrejeme olej a lyžicou prilejeme zmiešané suroviny. Dochuťte korením a soľou a opečte najskôr z jednej strany, a keď sú vajcia stuhnuté, otočte a opečte z druhej strany do zlatista. Opečenú omeletu stiahneme z ohňa, zvinieme a pridáme k uhorkám. Pridáme olivy scedené z nálevu.

-
-

71. Hovädzia omeleta

- príprava do 30 minút
- porcie 2

Ingrediencie:

- 200 g mletého hovädzieho mäsa
- 3 polievkové lyžice oleja
- 2 vajcia
- 2 polievkové lyžice tmavej sójovej omáčky
  1 červená paprika
  1 paradajka

- 1 zelená uhorka
- 1/2 čajovej lyžičky Maggi
- soľ
- korenie

príprava:

1. Umyte zeleninu a vypustite vodu. Nakrájajte paradajku. Uhorku ošúpeme a tiež nakrájame na plátky.
2. Odstráňte semená z papriky a nakrájajte ju na malé kocky. Jarnú cibuľku ošúpeme a tiež nakrájame na kocky. Na panvici rozpálime olej, pridáme mleté hovädzie mäso, pridáme sójovú omáčku, dochutíme korením, soľou, Maggi, premiešame a opekáme, kým mäso nezmení farbu.
3. Potom pridáme nakrájanú papriku a jarnú cibuľku a restujeme 2,5 minúty. Vajcia rozbijeme do hrnca, rozšľaháme vidličkou a potom nalejeme do vyprážaných ingrediencií.
4. Dochutíme korením podľa chuti, premiešame a opekáme, kým vajcia úplne nestuhnú. Hotové jedlo odstavte z ohňa a položte na

tanier. Potom k nej pridajte nakrájanú uhorku a paradajku.

72. Omeleta so syrom a brokolicou

- príprava do 30 minút
- porcie 2

Ingrediencie:

- 6 cherry paradajok
- 5 g strúhaného syra Gouda
- 4 vajcia
- 2 polievkové lyžice pšeničnej múky
- 2 polievkové lyžice mlieka
- 2 polievkové lyžice oleja
- 1 brokolica
- 1 červená cibuľa

- kapustnica na ozdobu
- soľ
- korenie

príprava:

1. Umyte zeleninu a vypustite vodu. Brokolicu rozdelíme na ružičky, zalejeme 1 litrom jemne osolenej vody, uvaríme do mäkka a scedíme.
2. Vajcia rozbijeme do misky. Potom do nich nasypeme múku, pridáme nastrúhaný syr, zalejeme mliekom a metličkou všetko dôkladne premiešame.
3. Cibuľu ošúpeme, nakrájame na kocky a orestujeme na rozpálenom oleji na panvici. Zmiešané ingrediencie vlejeme do zosklovatenej cibule, dochutíme korením a soľou podľa chuti a potom pridáme predtým uvarenú brokolicu.
4. Celé to smažte na strednom ohni, kým ingrediencie úplne nevyschnú. Pripravené na odstránenie z ohňa a položenie na tanier. Všetko ozdobíme cherry paradajkami a kelom.

73. Omeleta v chlebe so slaninou a bylinkami

Ingrediencie:

- 20 g údenej slaniny
- 6 krajcov starého chleba
- 4 vajcia
- 1 polievková lyžica pšeničnej múky
- 1 lyžička sušeného tymiánu
- 1 lyžička majoránky
- 0,5 teplej vody
- soľ
- korenie

príprava:

1. Odstráňte kôrku zo zatuchnutého chleba a navlhčite ho teplou vodou v miske. Namočený chlieb dáme do tortovej formy s priemerom 30 cm.
2. Slaninu nakrájame na malé kocky a dáme do misy. Vajcia vlejeme do nakrájanej slaniny, pridáme múku, majorán, tymián, dochutíme štipkou soli a korenia a dôkladne premiešame.
3. Zmiešané suroviny vylejeme tortovú formu s chlebom a vložíme do rúry vyhriatej na 170 stupňov. Pečte, kým sa vajcia úplne nezrazí, potom vyberte formy z rúry a mierne vychladnite.

74. omeleta so smržmi a špenátom

- príprava do 30 minút
- porcie 2

Ingrediencie:

- 40 g čerstvého slaného
- 4 polievkové lyžice masla
- 3 vajcia
- 2 polievkové lyžice mlieka
- 1 hrsť čerstvého špenátu
- 1 cibuľa ☐ paprika
- soľ

príprava:

1. Smrže dôkladne očistíme, opláchneme pod tečúcou vodou a nakrájame na dlhé pásiky. Potom na panvici rozpustíme maslo a pridáme k nemu nakrájané huby.
2. Huby dusíme prikryté na miernom ohni 20 minút za občasného miešania. Potom k nej pridajte očistenú a na kocky nakrájanú cibuľu a smažte 1,5 minúty. Špenát umyjeme, scedíme a pridáme k surovinám. Vajcia rozbijeme do hrnca, zmiešame ich s mliekom, štipkou soli a korením a vlejeme do vyprážaných ingrediencií.

3. Všetko smažte, kým vajcia nie sú úplne husté. Potom odstavte z ohňa a položte na tanier.

75. omeleta s krevetami a hubami

- príprava do 30 minút
- porcie 2 **ingrediencie:**

- 5 tigrích kreviet
- 6 húb
- 4 vajcia
- 3 polievkové lyžice oleja
- 2 strúčiky cesnaku

- 1 červená paprika
- 1 polievková lyžica múky
- 1 polievková lyžica mlieka
- kapustnica na ozdobu
- soľ
- korenie

príprava:

1. Zeleninu a huby umyte a sceďte z vody. Odstráňte blany z húb a nakrájajte ich na tenké plátky. Odstráňte semená z papriky a nakrájajte na kúsky.
2. Očistite krevety od nejedlých častí. Ďalej si do hrnca rozbijeme vajíčka, zalejeme múkou, zalejeme mliekom a celé vyšľaháme metličkou.
3. Cesnak ošúpeme zo šupky, nasekáme nadrobno a orestujeme na rozpálenom oleji na panvici. Očistené krevety a nasekané huby pridajte do zosklovateného cesnaku, posypte štipkou soli a prikryté na strednom ohni smažte 2,5 minúty.
4. Potom do orestovaných ingrediencií vlejeme rozšľahané vajcia, dochutíme štipkou soli, dôkladne premiešame a smažíme, kým vajcia nestuhnú.

5. Potom všetko stiahneme z ohňa a dáme na tanier. Hotové jedlo posypeme čerstvo mletým korením a ozdobíme kelom a nakrájanou paprikou.

76. Marocká omeleta

- Čas varenia 15 až 30 min
- porcie 4 **ingrediencie**

- 2 lyžice olivového oleja
- 2 šalotky (najemno nakrájané na kocky)
- 4 paradajky (stredné, bez kôstok, nakrájané na kocky)
- 1 ČL Ras el-Hanout (marocká zmes korenia)
- 8 vajec
- 2 lyžice koriandra (čerstvého, nasekaného)

- morská soľ
- **Príprava** papriky (z mlyna).

1. Najprv si na panvici (so železnou alebo drevenou rúčkou) zohrejte olivový olej. Orestujeme v nej šalotku, pridáme na kocky nakrájané paradajky, dochutíme ras el-hanout, morskou soľou a korením.
2. Opatrne rozklepnite vajcia do panvice a smažte v rúre pri teplote 180 ° C počas 8-10 minút. Posypte marockú omeletu čerstvo nasekaným koriandrom a vločkami morskej soli.

77. Omeleta z kozieho syra s bazalkou

- Čas varenia Menej ako 5 min
- Porcie 4 **ingrediencie**

- 4 vajcia (vajcia)
- soľ
- korenie
- 200 g syra (kozí syr)
- 2 lyžice bazalky (nahrubo nasekanej)
- 60 g masla

príprava

2. Vajcia rozšľaháme v miske na omeletu z kozieho syra, dochutíme soľou, korením a všetko dobre vyšľaháme. Kozí syr nakrájame na kocky a zmiešame s vajíčkami spolu s čerstvo nasekanou bazalkou.
3. Na panvici zohrejte polovicu masla, nalejte polovicu vaječnej zmesi a krúživým pohybom panvou rovnomerne rozložte. Trochu znížte teplo. Omeletu necháme pomaly stuhnúť, v strede preložíme a položíme na predhriaty tanier.
4. Pripravíme a podávame druhý kozí syr omeletu rovnakým spôsobom.

78. Omeleta z medvedieho cesnaku

- Doba varenia 5 až 15 min

- Porcie: 4 **ingrediencie**

- 1 hrsť medvedieho cesnaku
- 2 mäsové paradajky
- 1/2 cukety
- 8 vajec
- 80 g ementálu (alebo iného horského syra)
- 2 vetvičky tymiánu
- 3 vetvičky petržlenu
- Maslo
- Repkový olej
- soľ
- **Príprava** korenia (čerstvo mletého).

1. Listy medvedieho cesnaku opláchneme studenou vodou, osušíme a nadrobno nasekáme na omeletu z medvedieho cesnaku. Paradajky a cuketu umyjeme a osušíme, cuketu zbavíme korienkov a stopiek. Zeleninu nakrájame na kocky.
2. Na panvici rozohrejeme maslo a repkový olej, orestujeme na kocky nakrájanú zeleninu a medvedí cesnak.

    Odstráňte z varnej platne.

3. Vajcia rozšľaháme v miske a dochutíme nadrobno nasekanými bylinkami, soľou a korením. Teraz vmiešame nahrubo nastrúhaný syr. Vo veľkej panvici zohrejte olej a nalejte vaječnú zmes. Necháme mierne stuhnúť, navrch poukladáme dusenú zeleninu a omeletu preložíme. Raz otočte, rozdeľte na porcie a omeletu z medvedieho cesnaku naservírujte na taniere.

79. Omeleta so šunkou a syrom

prísad

- 1 vajce

- 1/2 lyžičky múky
- 2 lyžice mlieka
- 50 g eidamu
- 1 plátok šunky (nakrájané na jemné prúžky)
- 1/4 lyžičky chilli korenia
- soľ
- maslo
- 1/2 paradajok
- 1 vetvička petržlenu

Vajíčko dobre rozšľaháme. Pridajte syr, mlieko, múku, šunku a korenie a dobre premiešajte.
2. Vaječnú zmes nalejeme do vyhriatej vymastenej formy a necháme stuhnúť. Navrch poukladáme plátky paradajok a zohrievame ešte 1-2 minúty.
3. Ozdobíme petržlenovou vňaťou.

príprava

1.

80. Chata omeleta

- Čas varenia 15 až 30 minút **prísad**

- 3 vajcia
- 1 polievková lyžica vody (teplej)
- 1 polievková lyžica múky (hromadená)
- trochu petržlenovej vňate (nasekaná)
- 1 štipka soli
- nejaká paprika
- 2 lyžice cibule (opečená)
- 1 hrsť slaniny (nakrájaná)

- 5 plátkov syra (pikantného) Na cottage omeletu najskôr zmiešame všetky suroviny okrem syra.
2. Na panvici (20 cm Ø) zohrejte trochu oleja a nalejte cesto. Prikryte a pečte spodnú stranu na miernom ohni dohneda. Horná strana by mala byť pred prevrátením pevná.
3. Po obrátení prekrojíme na polovicu, jednu stranu prikryjeme syrom a syr necháme roztopiť. Spodnú stranu necháme opäť zhnednúť. Potom obe polovice cottage omelety zložíme k sebe.

príprava

1.

81. Zemiaková omeleta so syrom

- Čas varenia 15 až 30 min
- porcie 4 **ingrediencie**

- 1 kg zemiakov
- 2 cibule (nakrájané)
- 50-100 g slaniny nakrájanej na kocky
- 50-100 g goudy (nakrájanej na malé kocky alebo nastrúhanej)
- maslo
- 6 vajec
- soľ
- korenie

Na zemiakovú omeletu uvaríme zemiaky asi 20 minút, ošúpeme a nakrájame na plátky.
2. Na troške masla opražíme cibuľu a na kocky nakrájanú slaninu, pridáme zemiaky a opečieme dochrumkava.
3. Vajcia rozmiešame s trochou soli a korenia, vmiešame kocky syra a touto zmesou zalejeme zemiaky. Smažte, kým zmes nezhustne.
4. Hotovú zemiakovú omeletu vyberieme z panvice, podľa potreby ozdobíme petržlenovou vňaťou a podávame.

príprava

1.
82. omeleta s liškami

prísad

- 2 stonky (y) jarnej cibuľky
- 2 ks. Cibuľa
- 2 lyžice masla
- 100 g šunky (varená)
- 400 g líšok (čerstvých)
- Citrónová šťava)
- soľ
- korenie
- 1 štipka muškátového orieška
- 2 zväzky petržlenovej vňate (nasekaná)

Na omelety:

- 8 vajec
- 500 ml mlieka

- maslo
- 2 zväzok pažítky (rez) **príprava**

1. Na omeletu s liškami očistíme jarnú cibuľku so zeleňou a nakrájame na pásiky.
2. Cibuľu ošúpeme a nakrájame na jemné kocky. Jarnú cibuľku a cibuľku podusíme na masle do priehľadnosti. K cibuli pridáme šunku nakrájanú na malé prúžky alebo kocky.
3. Lišky očistíme a podľa potreby nakrájame na malé kúsky. Pokvapkáme trochou citrónovej šťavy a pridáme k šunke. Dochutíme soľou, korením a muškátovým orieškom a ďalej restujeme.
4. Na konci varenia opäť výdatne okoreníme, pridáme petržlenovú vňať a máme to hotové.
5. Na omelety vyšľaháme vajíčka s mliekom.
6. Omelety pečieme po častiach. Za týmto účelom krátko opečte zmes 2 vajec, každé na masle, a potom nechajte stáť 1-2 minúty so zatvoreným vekom.
7. Zalejeme liškovou zmesou, naklepeme a posypeme pažítkou a dáme na stôl.

83. omeleta s krevetami

prísad

- 4 vajcia
- 1/2 tyčinky (s) póru
- 1 zväzok pažítky
- 250 g kreviet
- soľ
- 1 lyžica citrónovej šťavy
- 1 strúčik (strúčiky) cesnaku
- korenie

príprava

1. Na omeletu s krevetami nakrájajte pór na malé kúsky.
2. Vajcia rozšľaháme, pridáme pór, soľ a korenie. Na panvici zohrejte trochu masla a pridajte rozšľahanú zmes vajec.
3. Necháme asi 3 minúty stuhnúť, potom omeletu krátko otočíme a necháme dopiecť.
4. Zohrejte trochu masla v samostatnej panvici.
5. Nakrájajte cesnak a krátko opečte s krevetami. Dochutíme citrónovou šťavou, soľou a korením a omeletu podávame s krevetami.

84. Omeleta plnená fetou

- Príprava: 40 min
- porcie 2 **ingrediencie**

- 1 šalotka
- 4 vajcia
- soľ
- korenie z mlynčeka
- 4 lyžice syra creme fraiche
- 2 ČL horčice
- 2 ČL citrónovej šťavy
- 2 lyžice nadrobno nasekanej bazalky
- 2 lyžice masla
- 100 g

- feta
- bazalka

Prípravné kroky

6. Šalotku ošúpeme a nasekáme nadrobno. Oddeľte vajcia. Z bielkov vyšľaháme so štipkou soli tuhý sneh. Vaječné žĺtky vyšľaháme s 2 lyžicami creme fraiche, horčicou, citrónovou šťavou a nadrobno nasekanou bazalkou. Dochutíme soľou a korením, vmiešame voľne sneh z bielkov.
7. Na nepriľnavej panvici rozpustíte polovicu masla. Pridáme polovicu šalotky a orestujeme. Pridajte polovicu zmesi omelety a varte 6-8 minút, kým spodná strana nie je zlatohnedá a povrch zhustne, zatiaľ čo panvicu zakryjete. Potom panvicu stiahnite zo sporáka.
8. Na omeletu natrieme 1 ČL creme fraiche a prikryjeme polovicou rozdrobenej fety, dochutíme soľou a korením a pomocou špachtle omeletu preložíme.
9. Rovnakým spôsobom upečieme aj druhú omeletu

    (prípadne v druhej panvici).
10. Umiestnite omelety na taniere a podávajte ozdobené bazalkou.

85. omeleta s ovocím

- príprava: do 30 minút
- porcie 2 **ingrediencie:**

- 6 vajec
- 1 lyžička pšeničnej múky
- 0,5 šálky mlieka 2%
- soľ
- zväzok pažítky

OVOCIE:

- 6 banánov
- **Príprava** 1 šálky čučoriedok :

3. Banány a bobule umyte a sceďte z vody. Banány zbavíme končekov, ošúpeme, dužinu nakrájame na tenké plátky a dáme na tanier.

Pripravte si omeletu:

4. do hrnčeka rozbijeme vajíčka, nalejeme do nich mlieko, pridáme múku, štipku soli a nadrobno nasekanú pažítku. Všetko dobre premiešame vidličkou, potom nalejeme na rozpálenú panvicu bez tuku a smažíme na strednom ohni, kým vajcia úplne nestuhnú. Potom odstavíme z ohňa a pridáme k banánom na tanieri. Všetko posypeme čučoriedkami.

86. Špagetová omeleta

Ingrediencie

- 5 vajec
- 150 g špagiet
- 30 g parmezánu (čerstvo nastrúhaného)
- 30 g masla
- 1 štipka muškátového orieška (strúhaného)
- Morská soľ
- Pepper

Príprava

1. Špagety uvaríme a precedíme podľa obalu podľa potreby.
2. Vajcia rozšľaháme v miske. Vmiešame parmezán a dochutíme soľou, korením a štipkou muškátového orieška.
3. Vmiešame uvarené špagety a dobre premiešame.
4. Na panvici opražíme polovicu masla a cestovinovú zmes bez miešania opečieme dozlatista.
5. Na vrchu omelety rozpustíme zvyšné maslo. Omeletu otočte a opečte z druhej strany do chrumkava.
6. Porciujte a podávajte horúce.

87. Omeleta bylinková

Ingrediencie

- 12 vajec
- 12 lyžíc byliniek (podľa vlastného výberu, umyté, nasekané nadrobno)
- 6 lyžíc masla
- 1 polievková lyžica múky
- 1/8 l mlieka
- soľ
- korenie
- 2 PL parmezánu (alebo iného tvrdého syra podľa chuti)

Príprava

1. Najprv si na panvici rozpustíme maslo na bylinkovú omeletu a bylinky na miernom plameni podusíme. Pozor: Bylinky nesmú vôbec zhnednúť!
2. Medzitým vymiešame vajcia so soľou, korením, parmezánom, múkou a mliekom do tekutého palacinkového cesta. Opatrne nalejte na bylinky, dobre premiešajte. Keď sa na spodnej strane vytvorí pevná kôrka, cesto otočíme a upečieme. (Podľa chuti pridajte trochu masla, aby bola aj druhá strana chrumkavá.)
3. Naaranžujte a naservírujte bylinkovú omeletu na taniere.

88. Záhradné čerstvé omelety

Ingrediencie

- 1 ⅓ šálky nahrubo nakrájaných paradajok, sceďte
- 1 šálka nahrubo nakrájanej, vykôstkovanej uhorky
- Polovica zrelého avokáda, rozpolená, zbavená semienok, olúpaná a nasekaná
- ½ šálky nahrubo nasekanej červenej cibule (1 stredná)
- 1 strúčik cesnaku, nasekaný
- Nakrájajte 2 polievkové lyžice čerstvej petržlenovej vňate

- 2 polievkové lyžice červeného vínneho octu
- 1 polievková lyžica olivového oleja
- 2 vajcia
- 1½ šálky chladeného alebo mrazeného vaječného produktu, rozmrazeného
- ¼ šálky vody
- 1 polievková lyžica nakrájaného čerstvého oregana alebo 1 čajová lyžička sušeného oregana, rozdrveného
- ¼ lyžičky soli
- ¼ lyžičky mletého čierneho korenia
- ⅛ lyžičky mletej červenej papriky
- ¼ šálky rozdrobeného syra feta so zníženým obsahom tuku

Príprava

1. Na prípravu salsy zmiešajte paradajky, uhorku, avokádo, cibuľu, cesnak, petržlenovú vňať, ocot a 1 lyžičku oleja v strednej miske.
2. Vajcia, vaječný produkt, vodu, oregano, soľ a čierne korenie rozšľaháme v strednej miske a rozdrvíme červenú papriku. Pre každú omeletu zohrejte 1/2 čajovej lyžičky zvyšného oleja na strednom ohni v 8-palcovej nepriľnavej panvici. Panvica s 1/2 šálky vaječnej zmesi. Vajcia miešajte špachtľou,

kým zmes nebude vyzerať ako smažené kúsky vajíčka obklopené tekutinou. Prestaňte miešať, ale pokračujte vo varení, kým neztuhnete vajíčko. 1/3 šálky salsy lyžice na jednej strane vyprážanej vaječnej zmesi. Odstráňte omeletu z panvice; zložiť preplnenie. Opakujte, aby ste vytvorili celkom štyri omelety.

3. Podávajte na omeletu so zvyškom jednej štvrtiny salsy. Ku každej omelete posypeme 1 polievkovou lyžicou syra feta.

89. Avokádový toast a omeleta

Zložka

- 1 stredne zrelé avokádo
- 2 polievkové lyžice limetkovej šťavy, prípadne ochutnajte
- 1-2 nadrobno nasekaná čerstvá pažítka
- 3/4 ČL kóšer soli alebo ochutnajte
- 3/4 ČL čerstvo mletého čierneho korenia, ochutnajte
- Dvojplátkový remeselnícky chlieb (hrubší chlieb je efektívnejší a niekedy sa mu hovorí „texaský toast" alebo „francúzsky toast")
- 2 lyžice nesoleného masla
- 2 veľké vajcia

- Ochutnajte soľou a čerstvo mletým čiernym korením

Smery

1. Pridajte avokádo, limetkovú šťavu, pažítku, kóšer soľ, čerstvo mleté čierne korenie, avokádo roztlačte vidličkou a premiešajte vidličkou v strednej miske; odložiť.
2. Zo stredu každého krajca chleba vyrežte 2,5 až 3" kruh pomocou vykrajovátka alebo pohára.
3. Pripojte maslo a varte na miernom ohni, aby sa roztopilo na veľkej nepriľnavej panvici.
4. Pripojte vajíčko, vaječné kolieska a varte na prvej strane do zlatista, asi 1 až 2 minúty.
5. Všetko otočte, do každého kúska chleba rozbite vajíčko a dochuťte soľou a korením.
6. Zakryte panvicu a varte 3 až 6 minút, kým nebudú potrebné vajcia. Chlieb uvarte rýchlejšie ako vajcia (asi za 1 až 2 minúty); vyberte ich z panvice, akonáhle sú zlatohnedé a položte ich na tanier. Vložte vajíčko do jamky a položte na tanier.
7. Avokádovú zmes rovnomerne rozotrite na kolieska chleba s vajcom a ihneď podávajte. Recept je chladnejší a sviežejší silnejší.

90. Cuketová omeleta s bylinkami

prísad

- 300 g malého kalerábu (1 malý kaleráb)
- 1 lyžica jablčného octu
- 1 ČL orechového oleja
- 2 vajcia
- soľ
- 125 g cukety (0,5 cukety)
- 1 stonka kôpru
- 1 stonka petržlenu
- 1 mapa. sušený tymián
- korenie
- 100 g cherry paradajok

- 2 ČL olivového oleja
- 15 g píniových orieškov (1 polievková lyžica)
- 10 g hobľovaného parmezánu (1 polievková lyžica; 30 % tuku v sušine)

Prípravné kroky

1. Kaleráb očistíme, umyjeme, ošúpeme, nakrájame na veľmi jemné plátky, premiešame a odstavíme s octom a orechovým olejom.
2. Medzitým si v miske vyšľaháme, osolíme a rozšľaháme vajíčka. Cuketu očistíme, umyjeme a nakrájame na tenké plátky. Petržlenovú vňať a kôpor umyjeme a osušíme. Nasekajte petržlenovú vňať a polovicu kôpru, na vajcia naneste tymián a korenie a ochuťte.
3. Paradajky umyte čerešňou. V hrnci zohrejte jednu čajovú lyžičku oleja. Pridáme cherry paradajky a na miernom ohni opekáme 4 minúty. Odstráňte a odložte z panvice.
4. Vložte plátky cukety do panvice a duste na miernom ohni 4 minúty. Nalejte zmes vajec a nechajte 4-5 minút vychladnúť.
5. Omeletu preložíme, marinovaný kaleráb uložíme na tanier a prikryjeme. Pridajte

paradajky a posypte omeletu píniovými orieškami, parmezánom a zvyšným kôprom.

91. Celozrnný chlieb s omeletou a pečenou fazuľou

prísad

- 400 g pečenej fazule (z konzervy)
- 3 stonky petržlenu
- 6 vajec
- soľ
- korenie
- 2 lyžice masla
- 200 g uhorky
- 4. paradajky

- 4 krajce celozrnneho chleba

Prípravné kroky

1. Upečenú fazuľu dáme do hrnca a zohrievame na strednom ohni.
2. Medzitým umyjeme petržlenovú vňať, osušíme, nasekáme nadrobno a rozšľaháme spolu s vajcami, soľou a korením.
3. V potiahnutej panvici rozohrejeme maslo. Pridajte vajcia a nechajte ich variť na strednom ohni.
4. Uhorku očistíme, umyjeme a nakrájame na tenké plátky. Paradajky očistíme, umyjeme a nakrájame. Poukladajte chlieb s pečenou fazuľou, omeletou, uhorkou a paradajkou.

92. Omeleta zo špargle a šunky so zemiakmi a petržlenovou vňaťou

prísad

- 200 g nových zemiakov
- soľ
- 150 g bielej špargle
- 1 cibuľa
- 50 g bresaoly (talianskej hovädzej šunky)
- 2 stonky petržlenu
- 3 vajcia
- 1 lyžica repkového oleja
- korenie

Prípravné kroky

1. Zemiaky dobre umyte. Varíme vo vriacej osolenej vode cca. 20 minút, sceďte a nechajte vychladnúť. Kým sa zemiaky varia, ošúpeme špargľu, odrežeme spodné drevnaté konce. Špargľu varíme v osolenej vode asi 15 minút, vyberieme z vody, dobre scedíme a necháme vychladnúť. Cibuľu ošúpeme a nakrájame nadrobno.
2. Špargľu a zemiaky nakrájame na malé kúsky.
3. Bresaolu nakrájame na pásiky.
4. Petržlen umyjeme, osušíme, otrháme listy a nasekáme. Vajcia rozšľaháme v miske a vyšľaháme s nasekanou petržlenovou vňaťou.
5. V potiahnutej panvici zohrejte olej a osmažte kocky cibule na stredne vysokú teplotu, kým nebudú priehľadné.
6. Pridáme zemiaky a ďalej restujeme 2 minúty.
7. Pridajte špargľu a smažte 1 minútu.
8. Pridajte bresaolu a všetko dochuťte soľou a korením.
9. Vložte vajcia do panvice a prikryte a varte 5-6 minút na miernom ohni. Vypadnite z panvice a ihneď podávajte.

93. Omeleta z kozieho syra s rukolou a paradajkami

- Príprava: 15 minút **ingrediencií**

- 4 proteíny
- 2 vajcia (y)
- 1 malá hrsť rukoly
- 2 paradajky
- 1 ČL olivového oleja
- soľ
- korenie
- 50 g mladého kozieho syra

Prípravné kroky

1. 4 vajcia oddelíme a bielka dáme do misky (inde použijeme žĺtka). Pridáme zvyšné 2 vajcia a všetko vyšľaháme metličkou.
2. Rukolu umyte, osušte a nasekajte nahrubo veľkým nožom.
3. Paradajky umyte, konce stonky nakrájajte na klin a paradajky nakrájajte na plátky.
4. Pokrytú panvicu (24 cm) rozohrejeme a potrieme olejom.
5. Pridajte rozšľahanú zmes vajec. Dochutíme soľou a korením.
6. Mierne opečieme na strednom ohni (vajce by malo byť ešte trochu tekuté) a otáčame pomocou taniera.
7. Cez omeletu prstami rozdrobíme kozí syr. Omeletu dáme na tanier, na ňu dáme plátky paradajok a posypeme rukolou. Výborne sa k tomu hodí celozrnný toast.

94. Syrová omeleta s bylinkami

- Príprava: 5 min
- varenie v **ingredienciách za 20 minút**
- 3 stonky žeruchy
- 3 stonky bazalky
- 20 g parmezánu
- 1 šalotka
- 8 vajec
- 2 lyžice syra creme fraiche
- 1 lyžica masla
- 150 g ovčieho syra
- soľ
- korenie

Prípravné kroky

1. Žeruchu a bazalku umyjeme, osušíme a nahrubo nasekáme. Nastrúhajte parmezán. Šalotku ošúpeme a nakrájame nadrobno. Vajíčka vyšľaháme s crème fraiche, parmezánom, žeruchou a polovicou bazalky.

2. Na panvici určenej na pečenie rozpustíme maslo, opražíme šalotku, zalejeme vajcami a rozdrvíme syr feta. Pečieme vo vyhriatej rúre na 200°C

    (konvekcia 180 °C, plyn: stupeň 3) asi 10 minút dozlatista.

3. Vyberte z rúry, dochuťte soľou a korením, posypte zvyšnou bazalkou a vychutnajte si.

95. Tuniaková omeleta

prísad
- 1 kvapka mlieka
- 0,5 plechovky tuniaka
- 0,5 cibule (malej)
- trochu bazalky
- nejaké oregano
- nejaký soľný **prípravok**

1. Na tuniakovú omeletu vyšľaháme vajíčka s kvapkou mlieka a dochutíme soľou a korením. Na panvici rozohrejeme olej a pridáme vaječnú zmes.
2. Nechajte niekoľko minút stuhnúť. Potom rozložte krúžky tuniaka a cibule na vrch. Nakoniec navrch posypeme trochou bazalky a oregana.

96. Omeleta so sekanou

prísad

- 3 lyžice syra (strúhaného)
- 1 plátok (plátky) sekanej
- 1 cibuľa (malá)
- soľ
- pažítka
- **Príprava** oleja (na vyprážanie).

1. Na omeletu s mäsovým bochníkom najskôr rozbijeme vajcia a rozšľaháme. Ďalej nakrájajte mäsový bochník na malé kúsky. Nakoniec cibuľu nakrájame na jemné pásiky.

2. Na panvici rozohrejeme olej a fašírku opečieme. Zalejeme vajcom a necháme trochu stuhnúť. Posypeme strúhaným syrom, dáme na pásiky cibule a dopečieme.
3. Dochutíme soľou, korením a posypeme pažítkou.

97. Zdravá omeleta

prísad
- 4 ks vajcia
- 1 paradajka
- 1 cibuľa (malá)
- 1 strúčik (strúčiky) cesnaku (malý)
- Bylinky (čerstvé, bazalka alebo pažítka)
- Paprikové korenie
- soľ
- Paprika (ad mlyn)

príprava
1. V miske rozmiešame vajíčka a pridáme na omeletu nasekané bylinky, trochu papriky, soľ a korenie.
2. Paradajku a cibuľu nakrájame na kocky. Teraz smažte cibuľu s olejom alebo maslom, kým nie sú priehľadné. Potom pridáme paradajky a cesnak a ďalej krátko restujeme.
3. Potom pridajte obsah panvice k vajíčkam v miske a všetko premiešajte. Smažte polovicu na strednom ohni, aby ste vytvorili omeletu.
4. Keď je omeleta z jednej strany opečená (a otočená), môžete ju podľa potreby posypať syrom a potom omeletu zložiť.
5. Potom urobte to isté so zvyškom hmoty.

Nakoniec upravíme a podávame omeletu.

98. Pizza omeleta

prísad

Na omeletu:

- 3 vajcia (bio, m)
- 1 panák minerálnej vody
- 1 dávka mlieka (bio)
- 1/2 lyžičky soli
- Paprika (z mlyna)
- 1 lyžička masla (bio) *Na pokrytie:*
- 1 kus paradajok (bio)
- 50 g feta (bio)
- 1/2 mozzarelly (bio)
- bazalka
- bylinky (podľa ľubovôle)

príprava
1. Paradajky a mozzarellu nakrájame na plátky, fetu zľahka rozmrvíme, bazalku nahrubo nakrájame na pásiky. Nasekajte čerstvé bylinky. Všetky ingrediencie na omeletu vyšľaháme.
2. Na menšej panvici rozohrejeme maslo, prilejeme vaječnú zmes a necháme stuhnúť. Keď vaječná zmes stuhne, opatrne ju otočíme a krátko opečieme z druhej strany.
3. Predhrejte rúru na cca. 200°C horný/spodný ohrev. Hotovú omeletu dáme na plech vystlaný papierom na pečenie.
4. Omeletu posypte zvyšnými ingredienciami a pečte asi 10 minút, kým sa syr neroztopí.
5. Naaranžujte a podávajte pizzovú omeletu.

99. Omeleta z jablka a slaniny

- Čas varenia 5 až 15 minút
- Porcie: 2 **ingrediencie**
- 6 vajec
- 70 ml šľahačkovej smotany
- soľ
- čili
- 1 lyžička pažítky
- 1 jablko
- **prípravy** slaniny

1. Na omeletu z jablka a slaniny zľahka opečte na panvici nakrájanú slaninu, potom vyberte z panvice a odložte.

2. Odstráňte jadrovník z jablka a nakrájajte na kolieska cca. hrúbka 4 mm. Opečte aj na panvici.
3. Zmiešajte vajcia so šľahačkou a koreninami. Jablká a slaninu vložíme späť do panvice, zalejeme vaječnou zmesou a necháme na miernom ohni pri zatvorenom veku stuhnúť.
4. Dochutíme čerstvo nastrúhaným korením.

100. Vegánska omeleta

- Doba varenia 5 až 15 min
- Porcie: 2 **ingrediencie**
- 1 cibuľa

- 400 g tofu
- **Príprava** zeleniny (podľa chuti).

1. Na vegánsku omeletu si nakrájame cibuľu na drobno a opražíme na oleji. Smažte zeleninu (paradajky, papriku, huby atď.).
2. Tofu rozmixujte na pyré so štipkou sójovej sesternice alebo vody, soľou, korením alebo kurkumou. Vmiešame prelisované tofu, opražíme a podávame vegánsku omeletu s čerstvými klíčkami.

ZÁVER

Pamätajte, že tieto recepty sú jedinečné, takže buďte pripravení vyskúšať nejaké nové veci. Majte tiež na pamäti, že štýl varenia použitý v tejto kuchárskej knihe je jednoduchý. Takže aj keď budú recepty jedinečné a chutné, bude ľahké ich pripraviť!

www.ingramcontent.com/pod-product-compliance
Lightning Source LLC
Chambersburg PA
CBHW070415120526
44590CB00014B/1404